人生難免會有傷

六個療癒步驟，揮別創傷、圓滿自己

黃淑文 著

〈推薦序〉

深深凝視：淑文的自我療癒旅程

王理書

做為一個身心靈的成長者與消費者，台灣的成長知識界給我的養分與照顧真的很多。如同淑文一樣，我也曾當過國中老師，也認真把自己的心靈成長當成寫作的素材，這些成長經驗不只滋養自己，還化為故事分享給同我一般渴望心靈成長的朋友。因此，當方智寄給我淑文的文稿，內在聲音說：「哇～讓我來好好閱讀，這心靈成長的同路人。」

閱讀後，我在內心有個想像畫面，感覺自己和淑文手牽手，張開手臂，而她的手與我的手又延展出去，更多的女人加入，一起手拉手，牽成一個大圈圈。這群女人是誰？我會形容為：「一群坦白真誠，爽朗去愛，不怕痛勇於往內探索，慷慨分享生命光與熱的台灣歐巴桑。」一套句哈克的書名，我們都是從罐頭中脫隊，自己爆開做罐頭的束縛，活跳跳，不被他人定義，努力「尋找自己並成為自己的人」。

在這個圈圈的女性，多數從乖巧中長大，會替父母與家庭著想，讀書順利，戀愛、結婚、生子，一步步上了罐頭的軌道，可能有個穩定的飯碗，卻不知足，還想要「了解自己」「想知道自己是誰」的渴望沒有一天不感受到。於是，她們閱讀，她們找人談，她們會遇到貴人或機緣，得到好書，或知心好友，參與讀書會，成長班，或有幾次很深的被療癒的機會。她們動手畫畫，在獨處時與內心的感受對話，甚至會放起音樂自在起舞。她們不時會擁抱自己，並且想要把愛傳遞與分享出去。她們花時間在自己身上，花錢去上課，然後，找回一次次的療癒，對生命與人性的感動，一層層的自我了解，流了許多眼淚，笑得比人大聲。最後，她們開始感受整合、自信和力量。夜晚帶著心滿意足入睡，和孩子成為朋友。她們不時會有創意的點子，看到人們有類似的困境，會想要分享這旅程，會想要給出幫忙，會想要告訴世界上的孩子：「你是被愛的。」「你是被珍惜的。」「如果沒有人讓你感覺這樣，那麼你要做那第一個人，永遠不會忽視並愛自己的人。」

最後，她們成了守護者，守護周圍的人，守護了一方園地。

這本書除了配合著畫作的自我陪伴的故事外，淑文還整理了自己使用的方法：

1. 遭受到打擊或委屈時，就「停下來，沉澱自己」
2. 接納——回到傷心的那一刻，承認當時的感覺，接受自己真正的樣子
3. 釋放——把情緒發洩出來
4. 刪除／重設——新的生命觀點
   ①化解傷害，是自己的責任。
   ②自我鼓勵與自我反省。
   ③畫出來，刪除，劃掉，撕去……
   ④對內在的自己表達愛，為自己做重要的事情。
   ⑤用不同於過往的方式，面對人生。
   ⑥無法刪除的地方，暫時放下。
   ⑦原諒，懺悔，淨化與清理自己；放過自己。
   ⑧相信一切有最好的安排。
5. 轉念／注入新能量——按照新劇本開啓新生活

①隨身筆記的記錄與提醒。
②把正向思考，重複成為新習慣。
③自我提問，用畫畫，覺察與靜心等待宇宙的答案。
④使用正向的神諭天使卡，來轉換思考。

6.想像自己馬上就會好

•使用想像的光、肯定句，以及想像自己完全康復的樣子，當做轉化的能量。

這些方法，讀者若要參考使用時，請注意以下三點：

問問自己「釋放委屈感，讓心靈輕盈，改變現在的人生」真的是自己要的嗎？還是，「修正別人對自己的觀點，讓別人回頭肯定自己」對你更有吸引力？

若讀者的答案是後者，那麼，對於這套「往內在凝視與對話、鼓舞、修正並轉念」的內在步驟，也許不能幫忙你。這本書的方法，是要給全心全意，負起自我療癒責任的人。對於，還沒準備好為走出生命煎熬負起全責的人，就用心而隨機的閱讀淑文的故事吧！她所提供的，關於自我療癒的豐富經驗，依然能鼓舞你。也許有一天，你會領悟：「當我看待自己的觀點不一樣了，外面的人如何看我，就不是我最在意的。而奇妙的是，外面的眼光真的會隨著我更發自內心愛與肯定自己而改變喔！」

此外，淑文強調「回到傷心的一刻，釋放情緒」，在我的觀點，能獨立完成這步驟的人，需要先有相當的專業陪伴經驗。有時，內心的傷痛夾雜著意識不復記憶的陰暗細節，當事人若自我強度與穩定度不夠，貿然獨自回到過去，著實有崩潰的風險。也因此，進行這釋放傷心的步驟時，有很信任並有專業背景的朋友陪伴，或求助於專業人員，是比較踏實與安定的作法。

本書的經驗，可以帶給讀者許多視窗。深入淑文的自我對話，我們領會到她是如何充滿感情與熱情去擁抱內在傷痛，又如何鼓舞自己與轉念，進而在外面的現實人生，更有力量往前走。於是，我們了悟到，原來深埋於內的傷痛，是可以透過愛自己、鼓舞自己，透過畫畫與書寫，而擁有更多的光明與希望。

有時，不經意，童年的傷痛場景自動浮上意識檯面時，那麼，本書提供了一條可以參考的途徑。愛自己的精神，透過諸多故事，真的能深入人心。

最後，我想表達對「刪除傷痛腳本，按照自己想要的重設腳本」的個人看法。在我的經驗中，傷痛腳本的轉化，來自於我們與這腳本連結的「態度、情感、信念」

不一樣了。所以，當我們想起那一段記憶時，感受不一樣，意義感不一樣，甚至彼時的記憶細節，也呈現不同視角，並找回更多正向的細節。未必是捨棄那段記憶或改變記憶。記憶時空，在《靈性煉金術》的約書亞訊息中，是非線性的。當我們透過內在觀想，把此刻充滿愛的自己帶回舊時記憶中，去對話與擁抱彼時脆弱與傷痛的自己，在能量層次，我們與這段記憶的關係，心識上受到這段記憶的影響，就開始有了不一樣。

在書中，當藝術治療老師，要淑文把畫出來的傷痛畫撕去，這為淑文帶來輕盈與極大的釋放感。「撕去」這動作，是一個儀式行為，在能量上重新建構我們與這記憶的關係；在態度上，透過這行為，感受到自己是記憶的主體，而不是陷落或淪為傷痛記憶的囚犯。而對於飽含過去記憶能量的畫作，用撕碎、燒去、埋葬或放水流……來對待，這方法，在國際知名的神諭卡作者朵琳女士的天使眼光，就是一個讓我們與記憶綑綁能量得以釋放並讓自己自由的儀式動作。我個人比較不主張「修改過去腳本」，因為，尊重自己生命的每個腳印，保留真相與讓記憶真實，能帶給我完整感，以及踏實感。修改的不是記憶內容，而是我與記憶的關係，而是我對待記憶的態度，以及修改那個因記憶而烙印的自我認同感與形成的限制信念。最後，我會發現，生命逐漸感受到被傷痛記憶滋養與扶持，不會再度陷落。

最貼近「重設腳本」這組的概念，應該是心理治療中的神經語言程式學（NLP）的作法。NLP對於記憶的重設，是去修改我們對記憶的「次感元」，例如讓色彩明亮或淡去，讓記憶畫框的材質改變，讓記憶畫面放在內在視野更遠的地方，讓我們可以對記憶畫面自由的Zoom in或Zoom out。這也是讓記憶擁有者擁有主體控制權的作法。

「世界用它的方式與進度展現，不需要立刻變得圓滿，而我負起責任，讓自己面對不圓滿的心可以更彈性、自由而有力量。」這是我定義的圓滿心。

喜歡書中十幾幅心靈之旅的圖畫。無論是自我擁抱的閉眼小女孩，或瞇成微笑線的眼睛，都透露出盼望並活出圓滿的心願。而淑文，如此質樸而踏實的身體力行，透過她的書與行腳，她守護的一方田地，正被她的生命熱度照耀著。淑文能感動與支持到的人，棲息在世間的縫隙與角落，許多社會理性結構溫暖不到的地方，是淑文這般的獨特風格，能自然與之共鳴與同樣迎風搖動的。

（本文作者為教育科技與心理諮商雙碩士、作家）

讀者心得分享

第一次看淑文的書是從來不曾有過的閱讀經驗：在高鐵上哭得淚流滿面，撥淚擦涕，抖肩抽泣，眼睛卻無法從文字離開。淑文把她的悲喜糾葛，真誠不掩飾的鋪排在文字裡，閱讀者如我，因為參與她峰迴路轉的情緒，似乎被什麼力量誘發，不曾覺察的細微意識猛然牽動，小石子擲入池塘般，撲通的觸及更深處的內在，憾動的激盪如漣漪泛泛。有人說：「當你足夠認識自己時，你才有可能真正的去愛自己，熟識自己的過程就是一種回歸真的道路。」淑文就像是這條路的引航員，謝謝她用熱情、真誠、單純、勇敢，陪同我邁入這趟希望與救贖的旅程，這趟非闖不可的療癒學習。

——張雅娸

從懂事以來，到嫁為人婦，我一直以為表現乖巧孝順、柔婉約就能討人喜歡、受人疼愛，自我要求完美以期望得到愛。淑文老師讓我驚覺，原來我的不快樂是被自己的道德觀念束縛住，讓我看見真實的自己，觸碰到了內心最深處，也學習如何持續的覺察與練習。

——芳玉

遇見淑文老師，對我來說，最大的收獲是學會跟自己對話。我用畫畫跟自己說話、畫出了我想要彌補的過去、畫出了我擔心的未來、發洩情緒……甚至，我畫出了我的身體，也聽到了身體的聲音。不只是我，我的孩子也學會了用畫畫抒發情緒，我們甚至可以用畫畫互相交談。感謝淑文老師用她生命中的領悟，毫不藏私的分享。

——文珊

認識淑文老師真好！從小，我就是一個盡力博取父母喜歡的小孩，為自己活的時間真的少之又少。淑文讓我學會不再漠視內在小孩的吶喊，我可以做自己，慢慢肯定自己，而不是期待別人的肯定。我學會轉念，活得更自在，面對孩子也更有耐性和包容力，同時也知道如何去修復我與先生的關係。

——宥馨

淑文老師讓我察覺到自己已經長大，不再是過去那個無助的小女孩，我有能力掌握我自己的人生！此刻，我心中不再充滿對自己的疑慮，真的可以說是「重生」了！

——晏羽

以前，我討厭自己的愛鑽牛角尖，討厭自己的敏感脆弱，討厭自己好多好多……遇到淑文老師後，她讓我開始原諒自己對自己的討厭，懂得真心面對自己。現在我感動著生命的奧妙，大地天神的慈悲。我其實一直被愛著、被包容著，在這個天地之間！

——小強

目錄

〈前言〉

我的旅程：給自己癒合的機會

生命難免有傷痕，每個人的身上，多少都帶著一點傷。這個傷，可能是身體的病痛，或心理的創傷。我們常在創傷中迷失自己，否定自己，讓自己完全變了樣。我們常誤以為不會好，於是就放著讓它痛，對自己的傷視而不見。其實只要找對方法，加一點探索的勇氣，傷口是有可能癒合的。前提是，你必須給自己癒合的機會。

※三十年的皮膚過敏，意外得到改善

從十歲開始，只要一流汗，或太過悶熱，我的皮膚就會過敏，發作起來奇癢難耐、痛苦不堪。一開始，經過醫生檢查是汗斑，後來伴隨皮膚過敏引起局部紅疹，反覆發作抓傷便在我的身體留下各種疤痕。

這些斑點和疤痕很醜，我常用衣服遮掩，其實是想逃避童年去工廠當童工，染上皮膚炎痛苦的記憶。種什麼因，就得什麼果，我越不敢正視它，它就變成無法碰觸的疙瘩，不管穿衣服、照鏡子，我常漠視它的存在。很多醫生坦言，像這樣的汗斑加上皮膚炎實在很難根治。既然不會好，發起病來，就算忍不住抓癢抓到流血，自己對自己生氣，癢起來也只能放任讓它癢，不知不覺竟然就過了三十年。

直到有一次，過敏性皮膚炎又發作了，我癢到受不了，突然動念解開衣服的鈕扣，狠狠的把身上的幾處疤痕和斑點看清楚。

我照著鏡子，第一次定定的看著這些斑點。它們那麼醜，卻真實的留在我的身體裡，和我一起「生活」了三十年。很多痛苦，你不想讓它發生，但它還是發生了，還狠狠的在你心上留下痕跡，怎麼樣也抹不掉。為什麼我不能接納它的存在，和它對話呢？

奧修曾說：「靜心（meditation）和醫藥（medicine）來自同一個字根。醫藥，意味著可以治療身體的；靜心，意味著可以治療心靈的，這兩者都是治療的力量。小心你的創傷，不要讓它滋長，要讓它被治癒。唯有當你走到傷痛的根部，它才能夠被治癒。」

「唯有當你走到傷痛的根部，它才能夠被治癒。」這句話重重撞擊我的心坎，如果現在的汗斑是過去到工廠當童工造成的，只要我能夠回到根源，療癒當年的創傷，當年的傷口好了，現在的汗斑也許就會消失。

回到受傷的那一刻，把情緒發洩出來

我透過靜心，走入童年，第一次勇敢的掀開記憶，跟去工廠當童工感染皮膚炎、才十幾歲的我——因為汗水黏上工廠白色粉末和骯髒的灰塵，導致全身皮膚過敏不知所措，卻仍然賣力工作的小女孩——說對不起，安慰她，請她原諒我。

我忍不住失聲痛哭，淚水沿著臉頰滑到脖子和胸口上的汗斑，好像啟動了什麼按鈕，長期搔癢、搞不清楚來源的焦慮和疼痛，一下子全部湧上來襲捲了我的眼。我告訴自己，想哭就哭，把三十年來沒哭的眼淚，全部痛痛快快的哭出來。

不知哭了多久，我突然覺得應該送給在工廠辛苦工作的小女孩一個小禮物。

想起小時候，非常喜歡樹上翠綠的小果子，於是我爬上家裡的柚子樹，祈請柚子樹送我一個鮮綠的果實，然後放在胸口，冥想當年的小女孩收到翠綠果實開心的模樣，那種感覺好神奇。**現在的我和過去的小女孩是一起連動的，當現在的我願意接納過去，傳送美好的能量給過去的小女孩，受傷的記憶在當下馬上得到修復撫慰。**

我持續把目光停在內在的小女孩做觀想，記憶的閘門打開了，像洩洪一般，跑出一個又一個畫面，有些記憶是美好的，但有些記憶是我再也不願意探看的。我很想逃，卻被什麼狠狠抓住了。是那個小女孩一把抓住了我。

「你怎麼可以那麼狠心，再度把那個最脆弱最需要呵護的小女孩拋棄？為什麼不聽聽她要跟你說什麼呢？」

一旦走進記憶深處，和自己相遇了，很多聲音在心裡打架。我回過頭，淚眼汪汪看著小女孩。驀然間，我看到小女孩在醫院檢查汗斑，醫生露出驚訝、鄙笑的表情深深傷害了她。原來最受傷的記憶，不是當童工的辛苦，而是在醫院檢查受到醫生的奚落和鄙棄。

「醫生怎麼可以這樣？」現在的我真想一拳揮過去，想像當時有人在旁邊保護我，木訥的爸爸應該要開口制止，但他沒有。爸爸只關心我的病情卻未照顧我的心情，爸爸不懂也不知如何處理當時的尷尬，他完全被自己的擔憂綁架了，任由醫生的奚落、鄙視像亂箭一樣射穿我的心。

重新看見這一幕，我摀著胸口又惱又氣，打開日記簿，像被烈火燙到的猛獸失控亂吼，在紙上亂塗亂畫。我把醫生畫出來，把它揉成一團撕個粉碎，直到我冷靜下來，聽到內在有個聲音告訴我，小女孩最需要的是修復，而不是報復。

重設新的生命劇本

我重新打開記憶的帷幕，問那個受傷的小女孩需要什麼？我想像當時在醫院，不是只有木訥的爸爸陪同，還有溫柔的姊姊在現場。體貼有正義感的姊姊，一定會斥責醫生，馬上帶我離開醫院。儘管當年姊姊不在現場，但這樣的觀想撫慰了我的心。（或許當年回家後，應該把自己的憤怒、難堪全部告訴姊姊才對。）

記憶像個連環炮，一旦點燃了，就一個個炸開，就算你措手不及也無可奈何。是我自己，再也不願拋棄自己了。我睜大眼睛，把當年的我，到底經歷了什麼事，一件一件看清楚。**原來，病痛都是連串的傷痕堆疊而成的**。就像很久沒有整理的抽屜，我們只往裡面塞，不願意整理，也不願意觀看，有一天塞滿了，無法隱藏了，不去整理都不行。

就這樣，我面對了童年的事件，看見染上汗斑的辛苦女孩、被醫生鄙笑的憤怒女孩，同時也看見當年講話口吃的自卑女孩，還有煩惱手毛和腳毛太長被同學嘲笑的受傷女孩……我走入時空隧道，一次次的撫慰她們（和當年的自己對話）。我知道，過去的小女孩和現在的我住在同一個軀殼裡，唯有過去的我和現在的我願意在同一個身軀裡對話，才能彼此撫慰、彼此修復。

想像自己完全癒合的樣子

循著記憶的軌道，我深入了童年的記憶，聽見年少的自己說了六個故事，每聽一個故事就爬上家裡的柚子樹摘下一個翠綠的果實，送給童年的自己。想像這六顆果實吸收當年小女孩的痛苦，幫助小女孩長出自己的嫩芽，重新長大。

最後，我觀想一道柔和的光，暖暖的照著小女孩的皮膚，承諾給她愛，給她祝福，想像小女孩重新擁有完美漂亮的皮膚，開開心心、完全癒合的樣子。忽然間，童年受創的畫面，被一種無形的力量刪除了，我看見小女孩身上的汗斑傷痕全部消失，旁邊還圍繞著可愛的小天使，送她許多翠綠的小種子，一顆一顆的發芽，開出翠綠的嫩葉和漂亮的花朵。

一種不可思議的力量，貫穿我整個身體，讓我不由自主的在家裡佛堂跪了下來。我曾經恨過父母，不諒解他們送我到工廠做假日童工，讓我染上過敏性皮膚炎痛苦三十年。但當我感覺受傷的小女孩開始復原，領受強大的療癒能量時，我突然好想跟上蒼說謝謝。

從嚴重受創，到想像自己完全康復、

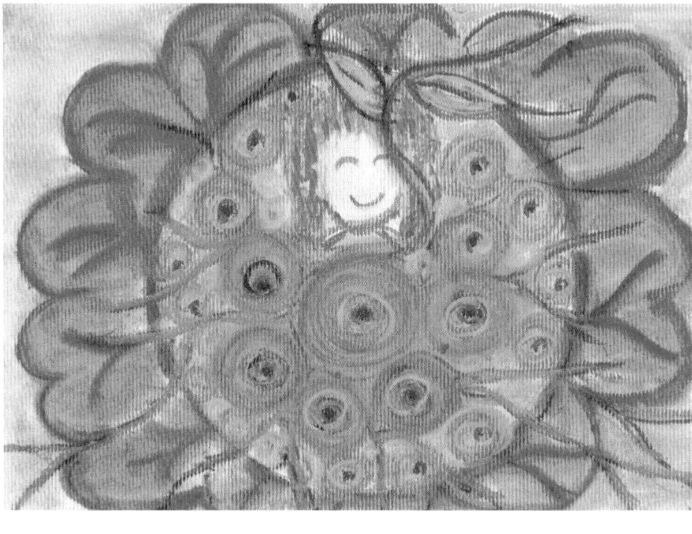

平靜釋懷，我感受到一種莫名的幸福，或許那是一種我終於懂得如何愛自己的幸福。哇！我終於從三十年的痛苦解脫了。在那個當下，我第一個想到的竟是我的父母，我想要跟父母說，我不恨他們了。

「感謝父母生下我」，一種重生，想要重新長出自己的決心，一股強大的力量，像扎根一般穩穩的安住了我。對我來說，所謂的療癒，就是改變生命中的「視覺畫面」，用正面光亮的影像取代負面陰暗的記憶。

那六顆從樹上摘下來的柚子，或許吸收了童年負面的痛苦，過了不久就全部腐爛了。我對它們說了謝謝，埋在柚子樹下。奇妙的是，經過那天的自我傾聽、自我療癒，幾個星期後，我身上的汗斑漸漸消退，累積多年的傷痕斑點也漸漸消失，一直到現在都未再發作。

我想我變勇敢了，就算汗斑再發作，我也不怕了。我突然對自己產生一種信心，不管發生什麼事，都不會被擊倒。不是我很厲害，或自以為不會遇到挫折和病痛，而是我終於學會愛自己，愛自己的軟弱，也愛自己的眼淚，愛自己所有的一切。

※最大的療癒能量，在自己身上

《前世今生》作者魏斯博士曾說，療癒發生在許多層次，生理只是其一，真正的療癒必須發生在心靈層次。如果沒有找到負面的模式並加以破除，同樣的傷害、失去、病痛或挫敗，可能會在今生或不同的來生反覆出現，直到我們學到該學的課題為止。

每一個靈魂來世間，都會在出生前擬定學習的功課，有的人來人間學習寬恕，有的人學習信任。不管我們今生擬定的課題是什麼，所有的傷痕和失去，都只是為了讓自己的靈魂成長。

從這個角度來看，我們所承受的每一個痛苦、每一道傷痕，都是我們的靈魂出生前，為自己量身打造的。通過傷痕的考驗，學到我們該學的，完成自己的功課，痛苦自然就消失，因為痛苦和傷痕是對應我們學習的課題才會存在。痛苦就像在學校修學分，通過測試，及格了，就不必反覆重考重修。

表面上，我療癒了困擾三十年的汗斑，實際上，真正讓我解脫的是，我走出了

境，回到和男孩分手的那一刻，承認自己當年的任性無理，跟那個男孩說對不起。然後跟他說，現在的我跟以前不一樣了，我變得理性體貼、願意為別人著想，而不是當年他口中那個不可理喻、被人當妹妹寵壞的女孩。如果重新再來，我會跟他坦白我內在的恐懼和陰影，並好好跟他分手，而不是用恐嚇決絕的口吻，要求他不准再現身於我的視線內。我想像男孩接受了我的道歉，並跟我說，當年他說的只是一時氣話。我拍拍他的肩，送給他一個小禮物，並祝他幸福美滿。

我不知如何聯絡那個男友，每次我想起他，就把這個想像的畫面，在心裡演練一遍。沒想到，有一天我居然在火車站遇到他。

我的臉紅了起來，幾十年不見，我們都老了，也各自有了家庭，但仍然認得出彼此。寒暄了幾句，我馬上把握機會跟他說對不起，當年很幼稚不懂事，希望他別怪我。他哈哈一笑，反而跟我說，當年他也不成熟，我在那個年紀遇到他真是倒楣啊。在完全沒有準備之下，我發現自己的袋子剛好有個小禮物，於是就按照當初想像的畫面，簽了名寫了幾句話，送給他當作紀念。

他感動的接過禮物，居然跟我說，其實後來回想那段感情，發現那是他一生快樂的時光。他回憶中的我，其實是一個體貼、願意為別人著想的女孩，還謝謝我帶給他一段美好的記憶。我們互相祝福，跟他道別的那一刻，我發現，過去傷心的畫面突然被現在的成熟體諒改變了。我刪除了過去所犯的錯誤，重設了我和他的生命劇本。

我相信，儘管幾十年來從來沒聯絡，但我和他一定在內心對這段感情，有很多的懺悔和反思。療癒是從自身出發，從釋放傷痕、反省自己開始。當我們改變了、成長了，外境自然就會跟著改變。

知道如何修復自己之後，接下來的功課，就是把自己重新愛回來，成為自己想成為的人。因此在本書前半，我分享了自己歸納整理的「六個療癒步驟」；本書的後半，則是我如何長出自己真正的樣子，在愛中圓滿自己的「五堂心靈成長課」。

※二十幾年的療癒心血結晶

這一本書，是我二十歲踏進心理諮商室，尋找各種方法療癒陰影，到後來療癒汗斑，一次又一次返回傷心地，二十幾年來自己療癒的心血結晶。書中所寫的文字和圖畫，都是我親身實踐的心路歷程。

書寫這本書期間，朋友剛好送我證嚴師父講述的《藥師經》。不知怎麼回事，很少生病的我，突然病了一場。好像藥師佛藉由這場病，親自教導我什麼是療癒，以及如何療癒人心。

我一邊書寫，一邊回想二十幾年來所走過的旅程，透過藥師佛的教導，我深深體會，生命無常，除了身體的病苦，還有天災、意外、各種人事的糾結。或許我們都受過傷，也不小心傷過別人，沒有人能預知命運的下一步會如何，也沒有人可以保證我們和所愛的人不再經歷任何病痛和考驗，唯有把自己的心照顧好才是最重要的。

書寫好了，突然而來的那場病也好了。把稿子交出去之後，家裡的電腦突然中毒，所有的電腦檔案幾乎全毀。若是以前的我，一定會傷心、捨不得好一陣子，但這次很奇妙，我的心一直都很鎮定。或許，這幾個月的書寫，我已經蛻了一層皮，長出新的力量，變堅強了。或者，我所書寫的療癒能量，已經在自己身上共鳴共振，所以很快就能跨越過去。

每個人都有自己的生命劇本，我們的靈魂投胎到這個人間之前，就知道自己想過什麼樣的人生，成為什麼樣的人。

《靈性煉金術》有一段話：「每個人在治療者或老師那裡，真正尋找的都是一個能量空間，這能量空間可以使他們與自己內在的光——『內在完全知道』和『理解這一切』的那個部分重新相連。而治療者或老師之所以能夠提供這樣一個能量空間，是因為他們已經在內在完成這樣的連結。」

「作為導師或治療者，你的能量本身才是真正有治療作用的。你那發光的能量，可以開啟一種治癒的可能，別人因此『回憶』起他們內在一直都知道的智慧，連結他們的內在之光，連結他們的直覺。就是這回憶和連結讓療癒發生。」

我一直以這段話勉勵自己，從療癒自己開始，讓自己成為一個可以散發愛的能量的人。最大的療癒能量，其實就在自己身上。也把這句話，獻給正在看這本書的你。

Part1

六個療癒步驟，揮別過去的傷痛

我透過療癒汗斑的歷程，返回傷心地和自己對話，歸納出自我療癒的六個步驟，這是我用生命親自實踐淬煉出來。一邊整理，我一邊檢視過去的傷痕，才驀然明白，療癒的能量，早就長在我們身上。

第一步：停下來，沉澱自己

孩提時代，我常夢見自己被一隻猛獸追著跑，跑到走投無路時，就倒在地上裝死。從夢中醒來，我對夢中的自己很不以為然，因為現實中的我很倔強，寧可你把我殺了也不會輕易認輸。看見自己在夢中竟然連反擊都沒有就倒在地上裝死，實在很窩囊，遜斃了。

這個夢，我斷斷續續做了很多年，只要在夢中看見自己倒在地上示弱，我就覺得很可恥。直到三十六歲那年，有一次我被誤會栽贓，礙於現實考量，又不能說真話為自己辯駁，氣急敗壞的我，一回家就丟下背包，往四下無人的山路奔跑發洩情緒。跑步，一向是我最在行的，但也許是因為生氣衝得太快，忽然間，突然覺得自己喘不過氣，頭昏眼花。更糟糕的是，我發現自己太匆促出門，連水都沒帶，身上也沒有手機可以求救。

我的身體不停冒冷汗，口乾舌燥，手腳也開始發軟，一想到自己可能會死在山路，恐懼焦慮不斷的襲上心頭。我想辦法穩定自己的情緒，一邊禱告祈求神蹟，一邊配合腳步深呼吸，最後總算讓自己安全下山。

心有餘悸回到家後，我不小心踩到門口的含羞草，發現含羞草遇到外力襲擊，並不是馬上還擊，而是把葉子收起來，不僅僅收起自己的鋒芒，連葉柄都跟著下垂，裝死示弱。我突然想起童年那個在夢中裝死的自己，摸著自己傷痕累累的心，突然覺得自己被什麼東西撫慰、點醒了。

✲不妨學學含羞草

想想，那個一心一意只想往山路衝撞的自己，實在太急躁了。當我們挫敗受傷，最需要的，其實是保持冷靜，讓自己可以安靜的療傷。不馬上反擊，甚至低頭示弱，並不是懦弱，而是必要時為了存活找回清白，一種對自己暫時的保護。這很像一個球員，在奮力比賽中，突然發現自己受傷了，趕快喊暫停，先退場觀察傷勢，再評估自己何時重返球場。

我突然覺得自己不再需要一直做個強者，承認自己受傷暫時退場，並不代表你屈服妥協什麼事都不做，哪怕有人仍在旁邊落井下石，冷嘲熱諷，你都明白自己在做什麼。此時你最需要的，其實只是沉澱、修復，好好整理自己，療傷止痛而已。

記得《七顆種子的祕密》一書，有一段對含羞草的描述，深得我心。書上說：「含羞草是一種敏感的植物，一旦受到周圍干擾，就會把葉子閉上，將自己孤立以尋求內在的平靜。我們人類每天至少都要做一次這樣的事，將瑣事和內外的干擾統統擺在一邊，進入自己的身體和體內的能量對話。」

有很長的時間，我觀察含羞草並向它學習。我發現，含羞草雖然因為外力撞擊而把自己藏起來，但何時張開羽葉、何時重新出發，並不是任何外力或別人對它頤指氣使所能決定。含羞草有自己內在的規律和節奏，時間到了，重新凝聚能量，確定自己已經準備好了，它就會再次張開翠綠的羽葉，活得抬頭挺胸。

偶爾暫停休息，並沒有什麼不好。真正的懦夫，是受到打擊就否定自己，一蹶不振的人。在我被誤會的那段時間，我像含羞草一樣保持靜默，幾個月後，我拾回清白，卻也決定離開那個傷心地。雖然有很多人為我送行表達歉意，那些溫暖和正義對當時的我似乎來得有點太遲，但都不重要了，因為這段痛苦的時間，我有了兩個大轉變。

第一個轉變是：我學會被誤會傷害時，先把自己收起來，保持冷靜，在挫敗中先停下腳步和自己對話。另一個轉變是：從那次傷痛之後，我不再做童年那個夢了，我想，那是因為我接納了倒在地上示弱的自己。

✻療癒的先決條件

不管你遇到多大的打擊，遭受多大的誤解，承受多大的委屈，修復自己的第一步，就是停下來。

一行禪師常以動物如何療傷做比喻。他說，當動物受傷，會找安全的地方躲起來，徹徹底底讓自己休息，在那幾天當中，動物不吃任何東西，就只是躺下來安靜的休息，往往幾天之後，傷口就會自動癒合恢復元氣。但我們人類生病就只會憂鬱鑽牛角尖，即使有幾天的假期，也不知如何讓自己真正的休息。

一行禪師說，**我們有太多的罣礙、壓力和恐懼，導致我們不知如何放空，甚至連休息的能力都沒有了**，「讓本能運轉，學習身心可以像森林中的動物般休息與放鬆，是非常重要的。**停止、平靜及休息這三者，才是療癒的先決條件。**」

一般動物遇到攻擊，脫離不了打或逃，甚至裝死三種反應。其實，人類也有相似的反應。當我們受到別人中傷，我們會反擊（像動物般打架）；看到討厭的人會繞路（像動物未戰就先逃）；如果聽到不喜歡聽的話，我們會裝傻或假裝沒聽見（像動物般裝死）。不管你選擇正面反擊或棄械逃亡，甚至是裝死，當敵人離去時，多多少少會造成我們心跳加快心情難以平復，甚至會在我們心上留下負面的恐懼和傷害。

用深呼吸，釋放恐懼和壓力

差別在於，動物在威脅解除之後，多數會回到自己的窩，舔自己的傷口，或透過抖動釋放負面的能量。根據國家地理頻道的追蹤報導，極地的北極熊在受到驚嚇後，甚至會做富有生機的深呼吸，讓呼吸傳遍牠的全身，釋放逃亡過程所產生的恐懼和壓力。

相對的，我們人類常常在受傷之後，連學動物舔自己的傷口（面對、接納自己的傷）都不會，更不要說抖動（運動流汗，做能量導引，釋放清理自己）。多數的我們選擇不動（或懶得動），藉著滑手機吃喝玩樂麻痺自己逃避痛苦，對自己的傷視而不見。

動物學者曾經研究，當動物受到驚嚇或被捕捉後重獲自由，如果牠們沒有透過本能的自發性震動，抖掉被凍結的能量和做深呼吸，很快就會死亡。我們人類也許不會死於一時的創傷，但沒有排除的負面情緒凝固在身體裡無法流通，一次又一次的阻塞後，就漸漸變成身體的病痛和心理疾病。

生活的考驗那麼多，在挫敗混亂中，我們是否可以向動物學習，停下來，舔自己的傷口，做幾次深深的呼吸呢？

呼吸，可以看好自己的心

當我們安安靜靜的呼吸，單純的只是呼吸，由外往內收攝，自然會形成一層防護罩保護，讓我們比較不會生病，也比較不會受外力干擾。試試看，快要生病時趕快深呼吸，快要發怒時也深呼吸，找不到自己的時候也深呼吸，受委屈沒有人了解時也深呼吸。

最簡單，就是鼻吸鼻吐，腹式深呼吸。吸氣時，感覺腹部鼓起來；吐氣時，感覺腹部慢慢消下去。剛開始，可能比較急，吸得又短，吐得又急，但一點也沒關係，一遍又一遍的練習，就能漸漸放慢速度。如果會分心，可以默念自己信仰的神佛名號或數息，把注意力放在呼吸的氣流，從鼻孔一進一出，也可以幫助我們專注收攝。

在單純的呼吸中，找回單純的自己。真的，就只是單純的深呼吸，我們就能拿回自己的力量。這是我一直充滿活力，在挫敗甚至受人誤解也沒有迷失自己的方法之一。傷心的時候，無助的時候，有口難言的時候，我都告訴自己，好好深呼吸。「呼吸的時候，淑文在這裡。」我會一邊呼吸，一邊摸著自己的心，告訴自己，淑文在這裡，我和我自己在一起。

我們一出生，就會呼吸了，呼吸是最單純最自然的存在。每個人都會呼吸，其實是不需要教，也不需要提醒的。生活的壓力壓垮了我們，導致我們快要無法呼吸，甚至忘了我們還會呼吸。

當情緒處於激動煩躁狀態時，我們的呼吸一定是急促的。情緒影響呼吸，反過來，如果我們平穩的呼吸，情緒也會跟著平穩。一行禪師說：「以呼吸為工具，可以看好自己的心。」他以《正念經》教導我們如何看好呼吸：

吸氣時，覺知我們在吸氣；吐氣時，覺知我們在吐氣。

深深的吸進一口氣時，知道：「我正深深的吸進一口氣。」

深深的呼出一口氣時，知道：「我正深深的吐出一口氣。」

不管吸氣或吐氣，訓練自己了了分明覺知整個呼吸。如果把意念放在鼻子的氣息，單純而專注的只是一吸一吐的呼吸，就能在「一瞬間召回渙散的心」，讓自己安住於當下，不至於在憤怒或傷害中做出衝動或後悔的決定。

因此，當我煩悶忍不住要生氣時，我常會透過數息，穩住自己的心。可以先讓自己深深吸入一口氣，默數一、二、三、四、五，然後緩緩吐出一口氣，再默數一、二、三、四、五，讓自己在吸吐之間保持平衡，再慢慢增加吸氣和吐氣的數字。剛開始吸氣和吐氣，比例是：一比一，以後可以慢慢調整為：一比二。吐氣的長度，可以是吸氣的兩倍。

吸氣時，提醒自己脊椎挺直；吐氣時，全身放輕鬆。只是單純的把注意力放在鼻尖氣息的流動，以及腹部的凹凸起伏就好。反覆的練習，用這麼簡單的深呼吸，我們就會感覺全身的能量開始流動。只要氣息順了，能量暢通了，情緒就會跟著平順了。

調整呼吸，就是在調整生命能量

傷心、憤怒時，我們也許會嚥不下那一口氣，以為自己非把那一口氣發洩出去，拿回自己的自尊不可。轉個念，先停下來，好好修那口氣，把急促憤恨的那口氣，透過一吸一吐的調節，慢慢把呼吸穩下來。呼吸呈現的，不只是我們的情緒狀態，而是我們內在生命的能量狀態。

當呼吸又急又短，意味著我們急著消耗能量，而且很快會損耗殆盡。反過來，如果停下來，用腹式深呼吸重新調整我們的呼吸節奏，在腹部肚臍以下三指的地方，有個氣海穴，氣海穴就像一口井，吸氣時，感覺腹部慢慢鼓起，就是透過腹式深呼吸從那一口井**提煉體內乾淨的內氣，去淨化我們體內負面的能量**。

當我們調整呼吸，從短而急促，慢慢轉為長而平緩，意味著我們的負面能量透過呼吸慢慢淨空了。負能量淨除之後，正能量增強，我們的情緒就會比較平穩，就能帶著比較好的能量去處理問題。當我們帶著比較好的能量去面對問題，相對的，也會有比較好的結果。

深呼吸真的很好用，不管坐著站著，或正在走路，我們隨時隨地都可以深呼吸。這也意味著，我們隨時隨地都可以透過深呼吸修復自己。好好活下去，不要因為暴怒輕易耗掉我們的那口氣。把鼻尖的呼吸氣流，當作我們內在的生命能量。調整呼吸，就是在調整我們的生命能量，不要辜負這口氣所蘊藏的可能性。

生氣、沮喪時，覺察到我們的呼吸開始變短變急，內在的能量開始減弱時，先停下來，透過深呼吸補充能量。從單純的呼吸，回歸單純的自己，單純的力量是很強大的！只要我們還有那一口氣在，隨時都可以透過深呼吸，用體內乾淨的內氣修復自己。調整我們的呼吸，從淺薄急短，一次一次慢慢加深加長，就能重新凝聚一股更深更長的能量，幫助自己跨越眼前的障礙。

療癒第一步：停下來，沉澱自己

1 不管我們遇到多大的打擊，承受多大的委屈，修復自己的第一步，就是停下來。

2 用腹式深呼吸靜心。

鼻吸鼻吐；吸氣時，感覺腹部鼓起來；吐氣時，感覺腹部慢慢消下去。

透過數息，穩住自己的心。先深深吸入一口氣，默數一、二、三、四、五，然後緩緩吐出一口氣，再默數一、二、三、四、五，在吸吐之間保持平衡。

把意念放在鼻尖。吸氣時，知道：「我正深深的吸進一口氣」。吐氣時，知道：「我正深深的吐出一口氣」，就能安住於當下，不致於在憤怒中做出衝動或後悔的決定。

吸氣時，脊椎挺直；吐氣時，全身放輕鬆。把注意力放在鼻尖的氣息，以及腹部的凹凸起伏。反覆練習，會感覺到全身的能量開始流動。只要氣息順了，能量暢通，情緒就會跟著平順。

挫敗時，停下來深呼吸，保持冷靜，是對自己暫時的保護。安安靜靜的呼吸，由外往內收攝，自然會形成一層防護罩保護自己。

3 傷心、無助的時候，一邊深呼吸，一邊摸著自己的心，告訴自己：「呼吸的時候，＿＿＿＿（自己的名字）在這裡，我和我自己在一起。」就能在一吸一吐之中，拿回自己的力量。

第二步：接納

回到傷心的那一刻，承認當時的感受

記得大學時代，因為情感的挫折和迷惘，我參加藝術治療團體，透過捏黏土和畫畫療癒自己。有一回，我捏了一個彩色人偶來代表當時的我，輔導老師瞧了一眼，就叫我用一層咖啡色的黏土，把彩色的人偶包裹起來。

我照著做時，突然覺得自己被一層層的觸摸、一塊塊的檢視和探看，好像自己牽著另一個自己走入心靈的洞穴，把自己緊緊的包裹在裡面，叫我不得不往內探看，赤裸裸的看見自己的全部。原來，我內在有那麼多的瘡疤和傷痕，平常的我參加一堆活動，表面上過著多采多姿的生活，事實上只是用忙碌來逃避傷口罷了。

豆大的淚珠，從我眼角湧出，彷彿所有的憤恨、苦惱，都隨著淚水洗滌而去。從小，我們被教導不要哭，不能在眾人面前顯露自己的哀傷。長大後，面臨挫敗痛苦卻不知如何處理，只好把痛苦隱藏起來，有時甚至連我們都不知道自己的痛苦居然埋得那麼深。

那一次特別的體驗，讓我察覺所謂的「我」，比想像中的還要多，還要複雜。每一個人的內心，都有不願別人碰觸或連自己都不願意面對的部分，在那個黑暗的心靈洞穴，包含了許多不被世俗允許的念頭、感覺和欲望。我開始問自己，我自以為失去的、讓我痛苦的，從來不曾（不敢）去關注的，甚至從未想過去

挖掘的東西，究竟是什麼？

※接受自己真正的樣子

那些難以啟齒的痛苦和瘡疤，就是榮格所講的「陰影」。每個人在成長的過程中，因為害怕曝露自己的缺點，有意無意會戴上面具隱藏自己，生命就有了所謂的「陰影」。根據榮格的說法，這些陰影（黑暗面）百分之九十都是寶貴的金礦，如果我們接受、允許那些過往的痛苦哀傷在心裡留下的痕跡，我們的生命就會變得更完整、更豐富。

就我個人經驗而言，接納陰影，接受自己真正的樣子，是自我療癒必經的過程。創傷記憶，就像一格格的抽屜，在開了又關，關了又開，反反覆覆之間，不斷變化顏色。我總會在痛苦難耐時，想起當年的自己，用咖啡色的黏土一塊塊撫摸自己，和自己對話的過程。

一個完整成熟的人，會提醒自己照顧生命的每個部分，並取得平衡。只有我們自己知道自己曾經發生過什麼，撫慰過往的瘡疤，不管如何難堪，都承認那是我們生命中的一部分，承認它的存在，就能與它和平共處。漸漸的，每次回想起痛苦的間距就會拉長，輕輕碰觸傷口，也沒像以前那麼疼了。

遭逢生命劇痛時，我們常會問：「我，到底還要痛多久，才能完全走出來？」**有些悲傷的記憶，會伴隨我們一輩子，那並不代表我們會一輩子悲傷。在傷心和遺憾中，我們仍然可以帶著傷繼續生活，繼續歡笑**。

即使是二十年後的現在，我還是會常常想起，當年的我用咖啡色的黏土，把彩色的人偶包裹起來，那一瞬間的觸動和心痛。我常問自己：「真正的我，究竟是什麼顏色？現在的我，又像什麼顏色呢？」我給自己的答案是，什麼顏色都有可能是我，不管是七彩顏色的我，或黯淡不堪的我，我接納生命所有的顏色。因為，我已經知道**如何在黑暗中綻放自己的光亮，同時允許黑暗的存在**。

我的生命變寬了，彈性也變大了，這是過去的創傷，帶給我的福分。

❊接納，就是和最真實的自己連結

經驗告訴我，想要療癒自己，得先學會接納自己。接納自己最艱難的部分是，一旦遇到挫折瓶頸或被人惡意中傷，我發現自己全身像刺蝟，一點也不溫柔，一點也不體貼，甚至只想著如何報復，以牙還牙。

當我發現自己居然那麼無能軟弱，無法反擊，無法說出真相，甚至無法主持所謂公平正義，我問自己算那根蔥啊？結果我什麼都不是，我不是那個別人認為的我，我也不是那個自認為溫柔體貼的人，我一下子墜入黑淵，變成一個連自己都不認識的人。

我們的情緒難免會反覆，一下子什麼都知道，一下子被情緒淹沒，不講道理，不可理喻。有時我們被自己嚇到，最不能接受的反而是自己。如果這時有

一個朋友跟我們說，沒關係，我們怎麼爛、怎麼糟糕，都沒關係，如果有人可以這樣了解體諒我們，我們多少會覺得心裡好過一些。

因此，我常會跟自己說：「沒關係，出現什麼情緒，都沒關係。」當自己最好的朋友，就能為自己帶來強大的療癒力量。如果我們能像對待好朋友一樣對待自己，包容自己，就能看清楚自己處在什麼狀態。

生氣，就告訴自己在生氣；傷心，就告訴自己在悲傷；懦弱，就告訴自己很懦弱；覺得自己快要發瘋，就跟自己說我現在快要發瘋。接納，就是和最真實的自己連結。

我們的情緒是我們的隱私，基於保護自己，我們不一定要對別人誠實，但單獨和自己在一起時，我們一定要對自己誠實，才不會壓抑委屈自己，最後像火山一樣爆發。如果我們能如實的接納自己而不去批判自己，就可以跟自己的每一面和好。

每當情緒激動時，我都會搭配深呼吸。譬如：「我很嫉妒那位女同事，我真的看她很不順眼。我知道自己心裡很不舒服。」「今天發生這麼丟臉的事，我實在很難堪。我知道自己很難過。」我嫉妒的女同事並不知道我不舒服，發生那麼丟臉的事我在別人面前假裝若無其事，但**在心裡面我不能逃避自己，我是最清楚狀況、最**

能安慰自己的人。

我學著覺察自己、安撫自己，誠實的接納我所經歷的痛苦，跟自己說：「發生這種事，我好難過，沒有人可以說，沒有人可以了解我，真的好痛苦。但我自己知道，我和我自己在一起。」然後摸摸自己的心，做腹式深呼吸。吸氣時，感覺自己吸飽了能量；吐氣時，感覺把負面能量吐出去。慢慢吸，慢慢吐，慢慢的我就能恢復平靜。

✼要解決問題，一定要回到傷心的那一刻

接納自己另一個困難的地方是，有時候我們被傷得很深，從傷心失望轉成對別人的憤怒，但實情有可能是自己得不到所愛，因為失落惱羞成怒，轉而挑剔對方。我們骨子裡知道實情卻不想承認，因為一直不想承認，最後又跑出莫名的罪惡感。這麼多複雜的情緒擠壓在一起，一時半刻也理不清頭緒。

這時，寫日記就是很好的釐清管道。日記是寫給自己看的，我們可以不必管用辭或邏輯，只管把情緒發洩出來，但我會把握三個重點：

一、回到傷心的那一刻。

二、對自己誠實，承認當時的感覺。

三、接納那件事真的發生過。

在書一開頭提到我面對汗斑的記憶，一開始我以為讓我受傷的是去當女童工的工廠，慢慢掀開記憶的帷幕，我才發現真正造成汗斑的傷痛，是醫生輕蔑嘲笑的眼神。有時，我們無法一次就搞懂自己，回返傷心的記憶，有時不只一次，可能要重返好多次，才知道自己真正的傷心點在那裡。

就像一團毛線打結了，找到幾條糾結的線索，就要很細緻的觀察，才能把結清清楚楚的解開。

碰觸到真正傷心的記憶後，試著去辨別那個受挫的情緒是丟臉？羞辱？恐懼？還是傷心？每個情緒傷到的痛處不太一樣。羞辱丟臉有罪惡感的情緒比較不容易承認，如果錯在自己，越離譜的過錯就會越容易為自己找藉口，甚至會否定創傷的存在，假裝沒發生，或潛意識選擇遺忘。

我們越了解自己，對自己越誠實，就越容易找到真正的結，把它全部解開。

一旦承認當時的創傷，或許我們會有好一陣子不想再去碰觸那個傷心往事。若想把記憶的抽屜關起來就把它關上，不勉強自己馬上找到答案，或殘忍的要求自己短短時間內不要傷心不要在乎。順著自己的感覺去流動，只要不要責怪或否認，接納那件事真的發生過（即使很丟臉很不堪），承認它真的在我們心上留下印記，至少和它和平共處就好了。

※劇烈的疼痛，必須同時接納自己，並釋放情緒

身心靈受到重大創傷、犯了不可饒恕的錯，或愛上不能愛的人等劇烈的情緒，若要我們一下子接納自身的罪惡感、對別人造成傷害的懊悔，或要自己馬上接受命運不公平的折磨，很容易爆炸或情緒失控。

我有個朋友成為別人的第三者，內心非常掙扎痛苦，我引導她把痛苦畫出來，畫完之後把圖用力撕毀，最後再畫一幅圖「重設」。事後，她寫信給我：

淑文，謝謝妳陪伴我刪除難堪的第三者回憶。當時的我，什麼苦痛都自己承

受，包含事情爆發，萬夫所指且有苦難言。原本很害怕很想躲避，卻也希望能找到出口。我對不起當時的靈與自己，讓別人有能力傷害我，而我也選擇承受。

妳要我把最想刪除的痛苦畫出來，一開始，我用粉彩慢慢塗，有些畏懼。漸漸的，我的眼眶泛紅，痛苦像洋蔥一層層的剝落。可能觸摸到底層最深的痛苦，我的筆觸和力道產生轉變，突然變得什麼都不管，只想狠狠的把自己交出去。我開始用力亂塗亂畫，整張紙被我塗得亂七八糟。我知道，這段感情承受的痛苦和折磨，可能要塗個三天三夜才能宣洩完畢。

不知過了多久，漸漸覺得夠了，可以停了。我想也不想的就把它撕個粉碎，快刀斬亂麻的揮別令我作嘔的過去。洗洗手，重設事情的開端，其實錯的人是我，是我主動跨越了那條線，導致無法收拾的結果到現在還在承受。我回到最痛苦的那一刻，停止自己錯誤的主動和對方開始發展的可能。我重設自己的人生，從今而後，我會好好愛自己，守護自己的靈與肉體，而不是這樣被踐踏。

當時撕毀的心情很痛快，我也鼓勵自己的勇敢。孰能無過？了解到今生「愛自己」與「感情」就是我最大的課題。我沒有好好看待自己，尊重自己，我就註定讓別人決定我人生的起伏和我的尊卑。

我現在會在心中默念，沒有任何人可以傷害我！我也不允許、不同意任何人傷害我！（過去的自己總是唯唯諾諾，太卑微，處處退讓，自己吞忍，對方也是過得好好的。）

承認錯誤是最難的，感謝妳的建議，讓我揭開深埋且最刺痛的祕密。在肯承認自己錯誤，並對自己的靈深深道歉後，我也漸漸可以坦然面對內心的痛楚和往後的人生。

從朋友的療癒歷程，我深深感受，劇烈的疼痛，必須同時包含接納自己與釋放情緒，如此才不會在痛苦中把自己殘忍的撕裂。這是我們在陪伴自己（或陪伴別人）的過程中，必須注意的。

儘管世俗對第三者總是指責居多，但在我看來，感情本身並沒有對錯。愛一個人，怎麼會有錯呢？愛情所造成的傷害，並不是因為我們對某個人產生愛的火花，而在於我們如何面對與處理。

我並不會以對方外遇或成為第三者來指責對方或要對方認錯。感情是雙方的事，婚姻有很多無奈的折磨，但也有不可卸下的責任。不管結婚或離婚，最重要的是，我們願意為自己的愛情負責，明白自己要什麼、不要什麼。愛，是一種選擇、渴望與承擔。有時，我們必須付出愛的代價之後，才學會如何愛自己，並了解什麼才是真正的愛。記住自己學到的，繼續往前走就對了。

療癒第二步：接納

1 接納，就是和最真實的自己連結，看清楚自己處在什麼狀態。

2 接受自己真正的樣子，也許我們無法對別人誠實，但在心裡我們不能逃避自己，我們是最清楚狀況、最能安慰自己的人。有三點，要清楚的覺照：

①回到傷心的那一刻。（回返傷心的記憶，有時不只一次，可能要重返好多次，才知道真正的傷心點在哪裡。）

②對自己誠實，承認當時的感覺。（是丟臉？羞辱？恐懼？傷心？）

③接納那件事真的發生過。（接納那時候的自己，不要責怪或否認。）

3學習跟自己說：「沒關係，出現什麼情緒，都沒關係。」自己當自己最好的朋友，就能為自己帶來強大的療癒力量。

4接納我們所經歷的痛苦，跟自己說：「發生這種事，我好難過，沒有人可以說，沒有人可以了解我，真的好痛苦。但我自己知道，我和我自己在一起。」然後摸摸自己的心，做腹式深呼吸。

的壓抑自己，先為自己創造幾個丟棄的儀式，找到釋放負面情緒的方法。

創造丟棄的儀式

• 如果對某人某事很生氣，最快速的丟棄方法，就是寫出來畫出來，寫完畫完就**撕**掉、**燒**掉，或**埋**在土裡。撕毀、焚燒或掩埋，是最簡單的丟棄儀式。撕毀，會用到手的力量，有發洩的作用；火的燃燒，則有淨化的作用；掩埋，把痛苦化作養分，則有提升的作用。也有人寫在衛生紙上，寫完就丟到馬桶沖掉，也是很好的方式。

• 有時，我們想丟掉的是一份感情，一份記憶。我們可以整理那份記憶相關的衣服或事物，把它打包回收或焚毀。如果想丟在垃圾桶，不要丟在家裡的垃圾桶，最好當天就送出家門，丟到垃圾車。越俐落越乾脆越好，不要拖，一口氣痛痛快快的跟過去說再見，讓自己重新開始。

• 我們也可以深呼吸釋放自己，譬如：如果胃痛，吸氣時，想著胃痛的部位；吐氣時，想像胃部的負能量隨著吐出來的氣息釋放出去，對疼痛也會有抒解的作用。

• 找個信任的朋友，說一說，罵一罵，把委屈宣洩出來，這是女性朋友慣用的方式。不過，我們所宣洩的出口最好和自己有不同的生活圈，又能為自己保守祕密。

水冥想

水有排毒淨化洗滌的功能，觀想水的流動沖掉所有的負面能量，不管是直接喝水、淋浴，或只是冥想，水的淨化都具有相當大的力量。火氣大一點的人，可以用水冥想消氣，平衡自己。

1 倒一杯溫開水，先含在嘴裡，感受水的溫度和能量，想像這杯水充滿愛的能量。然後感受水從喉嚨，慢慢到胃，在體內由上往下流動，溫潤體內每一個細胞，感覺細胞被愛的能量浸泡著，負面的情緒融進去水分子裡面，被淨化了。

2 洗澡時，用蓮蓬頭全身上下清洗一遍，想像負能量隨著水的洗滌，從身體排放出去。我們可以拿著蓮蓬頭，從頭部開始，一邊沖洗一邊告訴自己：「我滿腦子的煩惱，被水帶走了。」再來是臉部：「我的眼睛看到的，我鼻子聞到的，我嘴巴說的話，所有不如意的、骯髒的、我討厭的，都被水帶走了。」

依序沿著脖子、胸口、腹部、手、腳，一邊觀想，一邊用水潔淨自己。最後，做一個丟棄的儀式，把最後刷牙的漱口水或洗澡的最後一盆水，倒到浴室的出水口或倒進馬桶，想像我們一整天，從頭到腳的負能量，全部都被水帶走了。穿上乾淨的衣服後，給自己一句祝福：「舊的我已經被帶走了，現在的我是潔淨閃亮的。」

3想像自己站在瀑布下方，瀑布的水流傾瀉而下，從頭到腳，把我們全身上下的煩惱沖刷洗淨。也可以聽流水聲的音樂，幫助我們做水冥想。如果可以，走到海邊，聽海浪的聲音，想像自己的煩惱都被海浪帶走。

最後離開前，可以做一個丟棄的儀式，撿一顆小石頭當作我們當下的煩惱，用力往海裡一丟，想像煩惱沉到海底，不會再出現。如果沒有石頭，撿一片小樹葉，讓它隨著水流帶走我們的煩惱也可以。

總之，就是創造一個丟棄的儀式帶走我們的悲傷，直到所有的痛苦都發洩出來為止。有個朋友，每天洗澡都會想像水把身體不好的能量帶走，直到前幾天洗澡冥想，突然想到她會稱讚小孩好棒，希望藉此培養小孩的信心，即便是小小的事也大大讚美，但她卻一直忽略跟自己說好棒，忽略自己的心也需要被肯定、照顧。因此，她提醒自己，以後每天都要說一件好棒的事來肯定自己。

養成習慣，做完丟棄的儀式後，要給自己一個新的祝福。例如：「我現在是嶄新的，我很棒，我可以重新出發了。」不只是丟棄負面能量，還要給自己新的力量和祝福，這樣我們才能帶著飽足的能量繼續走下去。

自由書寫

自由書寫（或稱自動書寫）和寫日記有一點不同，就是每日在固定時間書寫，規定自己一定要寫三頁，或者每次坐下來書寫至少要連續寫十到十五分鐘。先把自己的問題，誠實的寫在紙上，持續書寫一段時間後，自然就會得到問題的解答。

有幾個準則如下：

- 從目前最困擾自己的事情開始寫。

• 腦中出現什麼，就寫什麼、畫什麼。對自己誠實，說出真相。

• 按照本能去書寫，即使出現最黑暗、最嚇人的畫面也不要怕。書寫只是寫在紙上，不會傷害到別人。

• 宇宙是個有生命的能量場。宇宙的準則是，只要我們祈求，宇宙就會回應。我們越真實越直接，就越能接收宇宙給我們的指引。

• 不管我們問什麼問題，當我們準備好時，答案就會出現。（有時，自己早就知道答案，只是不願意接受真相；有時要等待一段時間，讓因緣去連結，讓宇宙去接通。）

• 每個人都有自己成長的速度，就算是自己深愛的人，我們也無法替代他的成長。因此，把解決問題的方向，定位在自己要怎麼做才會更好，而不是把期望放在改變對方。

※不預設情境，隨順做自己

有個妻子陪伴老公參加固定聚會，已經二十幾年了。有時內心很矛盾，和一群不是很契合的太太在一起，總覺得格格不入，心裡抗拒不想去，又害怕自己無法融入會被排斥。每次出門前總是很掙扎，最後還是隱忍，說服自己參加。

我引導她把糾結畫出來，再狠狠的用力撕掉。因為已經壓抑二十幾年，我鼓勵她使出力氣亂塗亂畫，把二十幾年沒有發洩的情緒釋放出來，撕掉圖畫時，把圖撕得越碎越好，才能把隱藏在深處很細微的情緒發洩出來。

她一邊畫一邊哭，由於過於投入，還把粉彩盒打翻，連粉彩筆都斷了，好像把她的心結打散，連帶的，把情緒的硬殼也敲碎了。

事後，我放輕柔的音樂，舒緩撫平她的情緒，請她自由書寫，把內心想說的話說出來，最後再重新畫一幅畫，給自己一個祝福，並觀察自己後續陪老公參加聚會，心境有無轉變。

幾個月後，她跟我說：「淑文，撕掉圖畫發洩情緒的效果很好，我在這個過程，釋放內心的恐懼、憤怒和委屈。我確實因為如此，重新得到某種力量。奇妙的是，後來再參加老公的聚會，我自在許多，也不畏懼了。」

她透過自由書寫觀照自己：「為何做自己那麼困難（總有焦慮感）？先接納情緒低落的自己，陪伴自己。別人可以有別人的看法，我也可以有自己的看法。不要把事情一味的往不好的方向擴大，不好的事也是自己想出來的，那是出自於恐懼害怕而想出來的情境。孤單就孤單，以靜心呼吸帶入每一個情境，一個人也好，團體也好，就這麼覺知著。」

她重新畫了一幅圖，寫著：「呼吸，接納，不預設情境。轉念，隨順做自己，並不衝突。」並送上新的祝福：「善用轉念，獲得自由。」後來，還鼓起勇氣跟先生說，如果小團體對她有排外的現象，請允許她以後不用出席，她不想再委屈自己，而她先生也同意了。

從這個歷程，我們發現，只要容許自己把傷心憤怒釋放出來，知道脆弱處在哪裡，要往什麼方向努力，生命就會開始修復。

✼做任何放鬆心情的事，把痛苦甩掉

媽媽的心，似乎特別容易受傷，尤其家庭主婦整天照顧小孩，生活圈子很小，一旦和家庭成員不愉快，很容易積壓在心裡胡思亂想。職業婦女則是家庭工作蠟燭兩頭燒，往往把爭吵的原因歸咎於沒有全心照顧家庭，最後帶著罪惡感，傷心收場。

許是旁觀者清，每次我發現有些朋友（尤其是媽媽）很愛生悶氣、鑽牛角尖，就覺得她們實在太傷身，也太不明智了。生氣沒人知道，幹嘛生氣呢？想來想去想不通，為什麼還要繼續想呢？

不如把生悶氣的時間，拿來逛有趣的店、找信任的朋友說出來抒壓、放空吹海風、喝好咖啡、抱樹、看海、看雲，去戶外走走，轉移注意力，從大自然尋找療癒力，甚至跑一跑，跳一跳（運動流汗，也是一種排毒），想辦法狠狠的把痛苦甩掉。

學一點新的東西，把寄託放在自己身上。看書，看別人如何解決問題。觀察螞蟻如何搬運食物求生存。看好笑有想像力的電影，做任何放鬆心情的事情。去教會和上帝溝通、去寺廟和菩薩學靜心，或者蹲下身子和小花小草說話，想想為何沒有人理它們，它們還可以長那麼好。去當志工，發現比我們困苦的人居然那麼多。關心其他我們在乎的人，想想自己有多久沒和他們聯絡了。

若真的走不出去，固定找心理醫師諮商，有個安全的發洩管道，也是可行的。我們可以做的事真的還很多，轉個彎，換個腦袋過日子，放自己幾天假，把自己照顧好，說不定本來的問題就迎刃而解了。不管如何，都比坐困愁城，在家裡生氣，傷人傷身好。

※別走入死胡同，掉入「不快樂」的輪迴

有個讀者直白的說出矛盾：「原則上是這樣沒錯，但如果身邊沒有人可以說或不好意思把別人當垃圾桶，從小就處在一個被否定被嫌棄、說話沒人傾聽的環境，那麼，生悶氣就成了一種習慣。不見得是不願意抒壓，而是快樂過後，困惑的源頭依然存在，生氣的火苗也尚未熄滅，於是便周而復始的進行一個『不快樂』的輪迴。」

的確有很多像她所寫的這種人，錯誤而固執的，用單一負面的情緒面對自己，不知不覺走入死胡同，掉入「不快樂」的輪迴。要解決不快樂，並不只是找人傾訴或單純尋找快樂就好，而是要尋找解決問題的方法，並學習照顧自己轉換心情。

我會這麼說，實在是看到有些媽媽很愛鑽牛角尖，又把氣出在自家小孩。小孩子實在好可憐哪，小小年紀就要承受媽媽負面的情緒。媽媽不只照顧家庭，還要學習照顧自己。我們知道如何照顧自己，自然就知道如何照顧別人了。

當我們沉浸在痛苦，常常忘了還有別的可能。當我們處於緊張壓力之中，能量

是凍結的，凝固的情緒會形成一層硬殼，對別人產生防衛和心結。我們必須敲掉這些情緒的硬殼，才能讓愛的能量重新流動。

療癒第三步：釋放

1. 先把壓抑的情緒，透過安全的管道釋放出來。想哭就哭，想生氣就生氣。
2. 找信任的人說一說，罵一罵，不要悶在心裡。
3. 寫出來或畫出當時的感覺。寫完、畫完，就撕掉、沖掉或燒掉。
4. 創造丟棄的儀式，丟掉不必要的包袱。
5. 跑一跑，運動流汗，也是一種清理排毒。
6. 抱樹、看海、看雲、去戶外走走……從大自然尋找療癒力。
7. 水冥想：用蓮蓬頭全身上下清洗一遍。想像負面能量隨著水的洗滌，從身體排放出去。
8. 自由書寫：把問題寫出來，持續寫十到十五分鐘不要停，並自由書寫幾天，讓答案自然浮現。

9. 固定找心理醫師諮商，有個安全的發洩管道。

10. 出去散步，做任何放鬆心情，可以把痛苦甩掉的事情。不管如何，都比坐困愁城，在家裡生氣，傷人傷身好。

11. 持續去清理自己，直到感覺把痛苦都發洩出來為止。每次清理結束，記得給自己一個祝福。

第四步：刪除／重設

告訴自己，現在的我有不同的觀點

刪除，不是刪除記憶，而是刪除舊的觀點。回到受傷的那一刻，把情緒釋放出來，告訴受傷的自己，我有不同的選擇，等同為那個傷害事件按下刪除鍵。

刪除之後，按照我們想要的畫面重設、改寫過去的劇本。創造新的過去之後，我們就開啟了自我修復的程式。

這個步驟，非常重要。不只是發洩情緒，還要面對問題扭轉痛苦，把我們卡住的能量，往好的方向去流轉。

※把化解傷害當作自己的責任

有一回我騎機車，山路的轉角突然衝出一隻黑狗，跳起來狠狠咬了我的小腿。雖然穿著牛仔褲沒什麼大礙，但黑狗的尖牙太銳利了，仍然疼痛破皮，痛得我哇哇叫。

本來，我對黑狗非常生氣，畢竟和牠素不相識又無冤無仇。正當我火冒三丈怒目以對時，突然有個聲音跳出來：「如果那隻黑狗是我養大的，斷然不會如此兇狠吧？」說也奇怪，當我這麼想時，心裡的氣消了，也不怪黑狗了。

這件事讓我想到，生氣和消氣似乎只在人的轉念之間。

年輕的我，個性直率好惡分明，常讓我得罪人，吃了不少苦頭。直到有一次心情不好，到海邊散步，卻發現和我鬧不愉快的友人，同時間也在海邊散步。不同於我的鬱鬱寡歡，友人好像什麼事都沒發生，正和其他朋友開心的聊天吃飯。撞見這樣的情景，對我簡直是當頭棒喝。原來，很多負面情緒都是自己攬在身上，就算錯誤是在別人身上，我們卻常常用別人的錯誤來折磨自己，哪知對方可能不以為意或早已拋到九霄雲外。

力克．胡哲說：「緊緊抓著舊傷痛不放，你就只是給那些傷害你的人力量，讓他們控制你；可是當你原諒他們，你就切斷了跟這些人的連結，他們就再也不能打擊你。千萬不要以為寬恕他們是放他們一馬，你這樣做不為別的，是為了你自己。」

想想「怒火中燒」，當內心的一把怒火開始燃燒，也許點燃火苗的是別人，最先燒到燙到的卻是自己，搞不好最後傷痕累累的也是自己。累積了太多和自己過不去的慘痛經驗，我找到兩個消氣的方法。

一、感受到什麼不對勁，馬上想辦法排解清理

電視報導美國有一名攝影師罹患憂鬱症，不知如何釋放自己的情緒，便用相機把內心的恐懼和憤怒，以超現實的手法，轉換成驚悚和痛苦的畫面，令人震撼不已。

負面情緒就像一把利刃，一旦刺進自己的身體，就得費很大的力氣（伴隨各種疼痛）才有辦法拔出來。因此，當我感覺到自己受傷，就會提醒自己趕快處理，該道歉就趕快道歉，該解釋就趕快解釋，不要拖拖拉拉，而讓不必要的心結成為了永遠的疙瘩。養成習慣後，不但解決問題的能力增強，被問題困擾的時間也會縮短。

二、別把自己當「受害人」，把化解傷害當作自己的責任

我們常把問題歸咎於別人，卻不知道問題往往是自己「吸引」來的。想想，為什麼我會受傷？是識人不明？還是在溝通的過程出了什麼問題？要如何做才能避免類似的情況發生？

如同《祕密》一書所言：「你生命所發生的一切，都是你吸引過來的。你是一個人體發射台，你的思想產生了頻率，於是它們吸引同頻率同類的事物，傳送回到你身上，變成現在的你。」

快樂和痛苦都是自己吸引來的，禍福自召，一切都是我們的念頭和欲望製造出來的。當意識到自己就是痛苦與快樂的創造者，就會把化解傷害當作自己的責任，少生一點氣，甚至不再生氣。這樣做不是為了別人，而是為了自己。

※實作練習

為了避免累積負能量，我會在入睡前做刪除／重設，把一天的負能量刪除，帶

著美好的能量入睡。

睡覺前，我會回想一天的點滴。如果有什麼遺憾，我就改用讓自己覺得好過的方式，在心中「重播」一次。

我深信書中所說：「當你完全依照你想要的樣子，在心裡重新創造這些事件，就等於刪除了當天的頻率，並為明天發出新的訊號，就能在未來吸引你想要的畫面。」按照自己想要的畫面，改寫過去的劇本。

因而，如果時間充裕，我會在睡前整理自己一天累積哪些正能量或負能量？負能量在睡前刪除修復，正能量則要儲存繼續提升。我會這樣歸類：

- **今天哪些事我做得很好，可以持續下去，變成固定的習慣？**（用最喜歡的顏色，做記號鼓勵自己。）
- **今天我做了哪些事很沒意義？**（用紅筆刪除）
- **今天哪些事讓我不舒服，感覺卡卡的？如果重來一次，我要怎麼做會更好？**（用藍筆修復，讓事件按照我想要的方式重來。）

如果事件引發的情緒比較激烈，我會寫出來、畫出來，撕掉再重畫，這樣更能讓我發洩情緒。做法如下：

寫出不舒服的事或直接畫出痛苦的事件。

馬上撕碎丟到垃圾桶。

把雙手洗淨，桌面擦乾淨，離開現場緩和情緒，喝喝水，深呼吸，想哭就痛痛快快哭一場，或去洗個澡。

回到座位，重設（重新畫一幅圖）。給自己新的祝福。

※自我鼓勵、自我反省一樣重要

負面思考的人，常常在做不好的地方鑽牛角尖，過度反省會讓他們掉進無底洞，只看到失敗的那一部分。因此，除了刪除一天的錯誤，也要鼓勵自己做得很棒的地方。鼓勵自己和反省自己應該同等重要。

尼爾・唐納・沃許說：「你若想得到這個世界最好的東西，先提供這個世界最好的你。」先把自己過好，把自己當作漣漪，由內往外擴散，這個世界就會變得和我們一樣好。把自己過好，就是不斷的為自己加油打氣，當我們蓄集足夠的正能量，就能影響身邊的人。

如果睡前回溯，發現我一整天都被瑣事綑綁，忘了給自己快樂，我就會趕緊想一件明天做了會快樂的事，而且約束自己一定要完成。如果發現每天散步三十分鐘，看三十分鐘的書，短短十分鐘的靜坐深呼吸，定期和好朋友聚餐會讓自己開心，也要做記錄，凝聚讓自己快樂的正能量。可以用喜歡的筆，寫下讓自己開心的事情和話語，貼在醒目的地方提醒自己。

浪費時間在沒有意義的瑣事，常常延遲了我們該做的正經事。用紅筆醒目的筆觸，大辣辣的刪除，對自己有警惕不再犯的效果。

至於讓自己懊悔憤恨難平的事，不妨在本子上，記下幾個關鍵字、關鍵的場景，和當時的對話。先回到你的痛點所在，誠實的寫下那個過程，把事情的來龍去脈看清楚。接著，用藍筆開始自我眉批。譬如：回到傷心的那一刻，自己當時的情緒如何？如果重來一次，要在哪個關鍵點先踩煞車？是否有更圓融的做法？

最後，寫下這個負面事件能讓自己學到什麼？現在的我如何去修補？是彼此冷靜一段時間，還是趕緊道歉？約見面解釋說清楚，還是請第三者出面溝通？需要什麼協助？一條一條列出來。當我們回到痛苦的情境，知道自己要怎麼做才會更好，就等於刪除舊程式，改寫過去的劇本，不再被負面情緒所困。

✼療癒內在的小孩

不要小看回憶反省的力量，透過刪除／重設，重新看見自己的盲點，注意生活小細節，可以幫助我們更圓融，避免重蹈覆轍。

人的情緒很容易反覆，有時理智知道要如何重設，情緒上卻很難跨過去，這時我會把它畫出來、寫出來，用力撕掉，丟到垃圾桶，把不滿的情緒發洩出來。之後我會躺在床上，一邊深呼吸，一邊告訴自己：「我已經盡力了。我不是聖人，我有做得好的地方，也有做不好的地方，那些讓我難過生氣的事，我已經知道該怎麼做，而且都已經寫在本子上提醒自己。不要再折磨自己胡思亂想了。」

做了刪除／重設，我會把記憶拉到過去某一段創傷，用以下的步驟療癒我的內在小孩：

1 跟當時的自己溝通：我當時怎麼了？如果重新再來，我想怎麼做？

2 按照我想要的畫面，改寫過去的劇本。（等同清除舊程式，創造新的過去。）

3 祈請我所信仰的神或生命中的貴人給我力量，想像他們在我最脆弱的時候出現，安慰保護我，為我排除危險。

4 表達歉意，送當時的自己一個小禮物（或祝福）。不管真的去買，或回到過去用想像送給內在的小孩，都可以修復自己。

5 生命是相續的，那個傷心的小孩，住在我心裡，所以現實中的我，送給過去的自己禮物，只要現在的我收到了，過去的我就會同步收到。

6 最後，寫一封信給童年的自己。舉例如下：

> 小淑文，小時候你＿＿＿＿，你發生＿＿＿＿，你很傷心。如果重新來過，我想要＿＿＿＿。現在的我，想要好好抱住你，跟你說對不起。當時我沒有好好照顧你＿＿＿＿（說一些安慰的話）。為了表達我的歉意，我想要送你一個禮物（祝福）。

我會實際去買一個禮物送給童年的自己，或在塗鴉本上用畫的、寫的。在修復的過程中，很多次我都是噙著淚水寫信給童年的自己。

※回到痛苦的那一刻，擁抱受傷的自己

有位朋友，在父母吵架的早上，獨自去上學，卻在途中遇到壞人性騷擾，這件事一直是她抹不去的創傷。她寫了一封信給童年的自己。

> 小――，小時候爸媽吵架，妳去上學途中遇到壞人，翻妳的裙子，摸妳……妳很傷心。如果重新來過，我會告訴我的爸媽，不要再吵架了。現在的我，想要好好抱住妳，跟妳說對不起，當時沒有好好照顧妳，我要送給妳一朵花。

這位朋友是我的讀者，對我非常信任，當她哭著訴說那段過去，我彷彿也在現場感受到一個十歲小女孩的驚嚇和痛苦。當天她真的買了一束花送給自己，並分享

了她的心情轉變：

回想起童年，我才突然明白，原來我不諒解母親的真正原因，是十歲時我被性騷擾的事件。我回到痛苦的當下，去抱抱那個受傷的自己。送給童年的自己一束花，抱著那束花的感覺，好像就真的被擁抱，非常舒坦，內心平靜。

面對童年受傷的自己，我也重新檢視對母親的不諒解。在一個必須和母親相見的日子，我鼓起勇氣問她，當時她跟爸爸吵來吵去值得嗎？她的眼神告訴我，她是出於無奈，為了維護娘家的人才不斷和爸爸爭吵。

過了幾個月，我終於鼓起勇氣告訴母親，我小時候被性騷擾。沒想到，她只是淡淡的回答，怎麼沒有告訴老師。當下我並不難過，因為我已經長大了，我可以保護那個小時候的自己。每個人都有無能為力的點，都必須做出自己的選擇。母親選擇維護娘家的人當一個孝順的女兒，但她卻忘了她也是人家的太太和母親；而我，選擇饒了自己不再怨她。

※通過洗淨的儀式，讓自己重生

另一個讀者，也是童年遇到性騷擾。看了她寫的信，我的心也跟著痛起來。

小——，小時候妳遇到變態狂摸妳胸部，又遇到陌生人觸摸私處，妳很傷心。如果重新來過，我想叫妳反擊，趕快逃跑。現在的我，想要好好抱住妳，跟妳說對不起，當時我沒有好好照顧妳。為了表達我的歉意，我想要帶妳去泡澡，洗去一切過去。

這位讀者長得很漂亮，是個不拘小節個性直爽的年輕媽媽。她說，寫信的前幾天，她剛好將柚子皮留下來想要用來泡澡，宇宙真的有同步性，好像冥冥中，要她通過這樣的儀式，重新洗滌童年的自己。通過這個洗淨的儀式，她也重新看見當年的自己。她說：

帶著童年那個小女孩，一起泡澡的時候，心情好輕鬆，感覺整個身體變得好乾淨，有一種重生的感覺。受創的記憶，突然從模糊，越來越清晰，雖然還是記不得那些人的面孔，不過心理層面上，感覺自己變強壯了。

撫慰了童年的小女孩，卻也看清楚，當年我真正受傷的，並不完全是遇到變態摸胸或遇到陌生人觸摸私處，還有個角落是因為我父親。當我遇到性騷擾，回家告知父親時，他的反應竟然是，妳是笨蛋嗎？為什麼沒有跑開或大叫？言語上的數落加刺激，甚至以為我說謊，深深刺傷我的心。

在還沒有發生性騷擾，父母已經分居，母親也告知父親那段日子，我可能會遇到色狼（母親會算命盤，剛好有算到那年我的狀況），請父親一定要接送，才跟我溝通要我回去與父親同住。父親雖然口頭同意，實際上根本不相信母親的說詞也沒有接送我。遇到性騷擾後，我鼓起勇氣告訴父親，他的反應更讓我受傷，雖然一直說要帶我去報警，其實是想測試我是不是說謊。爾後，父親一樣沒有接送我，看我的眼神就像他生了一個笨蛋加上會說謊的女孩。

遇到色狼之後，我常感到害怕，常常莫名覺得背後有人跟蹤的假象。長大後，一直把這事埋在心裡，希望自己不去想它，卻又無法遺忘。父親當時覺得我應該要跑開大叫，但我當時嚇呆了，根本不知道如何保護自己。父親當時卻不這麼理解我，反而認為他生了一個笨蛋會說謊的女兒，讓我否定自己、看輕自己。導致長大後，我有很多事情會忍耐逞強壓抑，忍到最後不小心就會爆衝。

現在，父親對我而言，就像個陌生人。我曾跟母親說過，跟父親沒什麼好見面，就像一潭湖水，小石頭丟下去就會起漣漪，不碰就風平浪靜。母親曾經告訴我，畢竟他是妳父親，大人的事情（指父母親離婚），跟孩子沒有關係，所以父親節還是要傳個簡訊關心一下。母親到現在還是不知道我被性侵的往事，我也不知如何告訴她。親情是我很大的致命傷，我還不太敢去面對吧。謝謝淑文，現在的我堅強很多，雖然想起來還是會落淚，但透過一邊回想一邊探索，也感到自己的成長與蛻變。很多事情過些日子，或許我會更勇敢面對吧。謝謝淑文的傾聽。

看完這位讀者的信，我的眼淚潸潸而下。我告訴她，父親沒有責任感，不知如何當一個好爸爸。妳就當他還沒成熟就當爸爸了，到現在還不會當爸爸。想起過去的委屈，想哭就哭不要緊的。不要急著一下子全部面對，慢慢來，時間到了，就會跨越過去。

※把愛的能量帶回過去

這兩位讀者的來信中，我意外發現，她們的傷害不只來自於猥褻者，還加上親人的二度傷害，而且往往後者的傷害影響更多。

被性侵的當事者需要長期陪伴才能走過創傷，但大部分的當事者在訴說心碎回憶的當下，往往不知如何修復自己，反過來還責怪自己當時為什麼不逃跑，為什麼要長期隱忍讓性侵者變本加厲。

重回當年受害的現場，一下子從當事者變成觀看者，就像慢動作重播，不僅看到當年受創的自己，還會看到造成傷害背後的原因和疏失，甚至目睹當年為什麼自己會落單讓性侵者有機可乘。這些都像針刺一樣，赤裸裸的攤開各種糾結，血淋淋的讓我們看到真相。我必須坦言，說故事的人和聽故事的人都需要一點勇氣。

回顧過去，並不是要我們再次經歷痛苦，而是為了把修復的能量帶回過去。回到受傷的那一刻，除了安慰當時自己的痛苦無助，也可以在當時痛苦的當下，祈請心中的天使或生命中所信賴的人，在我們最脆弱的時候出現，安慰我們，理解我們，為我們排除危險。

我聽過一個案例，有個曾經被性侵的女孩，在回顧不堪的往事時，想像當時會有天使出來保護她。治療師鼓勵她畫出來，想像天使散發純淨的光芒撫慰當時受創的她。她一直哭，哭了非常久，走出諮商室，把當年被鄰居性侵的衣褲丟了，然後跑去泡溫泉。或許傷痛無法一下子消失，但當我們願意撫慰當時受創的自己，曾經在傷痛中放棄自己的內在小孩，就會漸漸甦醒，重新活過來。

療癒自己，是個抽絲剝繭的過程，有時要返回傷心地很多次，才會知道自己真正的痛點。這中間，返回→進入→離開→再返回，可能長達好幾年的時間。

✲療癒自己，就能療癒自己的小孩

陪伴自己或朋友走過傷心的記憶，最開心的，莫過於看見自卑受傷的自己或朋友，重新拿回自己的力量。

有位朋友小時候被同學排擠，產生創傷，自我價值感低落，不敢反抗，如今回想起來，內心仍然感到委屈受傷。結婚生子後，為了好好照顧孩子，不僅累得沒有自己，身體健康也不好，近年來，常感覺自己不見了，心情因此低落。

她的小孩，後來發生了和她童年一樣，被排擠欺負的情景。有了療癒自己的經驗，她就把當初寫給童年自己的信，改寫成給孩子的信，並念給孩子聽。

親愛的小——（孩子的名字），當初你發生被其他小朋友打你，搶奪玩具，亂扔你的玩具，讓你傷心害怕，每次出去玩，心裡沒有安全感。如果重新來過，媽媽一定馬上制止他們，要他們尊重你，跟你道歉。現在的媽媽，要跟你說對不起，當時的媽媽沒有好好的保護你照顧你……

還沒念完，孩子的眼睛就泛淚光，緊抱著媽媽說：「媽媽，我愛妳。」

聽著這位朋友的分享，我的內心激動不已，忍不住為她的成長開心。小孩子受傷害時，她當時並沒有在現場，但透過回顧，她跟孩子說：「如果重新來過，媽媽一定馬上制止他們，要他們尊重你，跟你道歉。」孩子不只得到媽媽的安慰理解，過去受傷的畫面也跟著改變了，內心的創傷也被媽媽療癒。媽媽勇敢面對自己的童年，成功跨越童年的傷，療癒了自己，自然就知道如何幫助自己的小孩，跨越生命重重的難關。

如同《靈性煉金術》所寫：「產生治療效果的，是你內在走過的旅程，尤其是你走過深刻傷痛的部分。你創造了解決問題的頻率，並把頻率呈現在你的能量場中，別人就有可能透過你，而打開一扇自我療癒的門。」

有個朋友因為年幼女兒總是大便在褲子裡，在反覆訓練一年當中，試過講故事、提醒、陪伴、安撫、買小馬桶框、買可愛小內褲……用盡各種方法，甚至在有了便意，帶她去馬桶大便，小妮子也一概不領情，執意在內褲中解決，完全不預告她想要大便。最後，一邊工作一邊把孩子帶在身邊的她，終於耐不住性子，從溫柔堅定，不發一語，碎念抱怨，開始生氣責罵孩子。即使這樣，仍舊無法解決女兒大便在褲子的困擾。

直到有一天，睡前靜坐，她腦中突然出現一個影像，一個「在專科以前，每天夜裡都會尿床的小女孩」出現了。哇！這不正是一直被她遺忘在深處的內在小女孩嗎？

她才驚覺，那個擔心一睡著就會尿床，起床後害怕擔心被父母責罵的記憶，一直埋藏在她生命的某個角落沒有消失。甚至這麼多年後，結了婚，當了媽媽，以前那段老是被父母責罵故意尿床，一起床就是壓力開始，入睡後就毫無意識狀態，總處於無助不知所措的兒時夢魘，其實一直縈繞在她心頭未曾散去。透過女兒的大便練習，終於讓她有機會再次探視自己，有了共鳴理解。

於是，她試著對童年的自己說：「沒關係，我會保護妳，照顧妳，一切都過去了。」在她安撫內在小孩的同時，她也向熟睡的女兒說：「謝謝妳，謝謝妳讓媽媽遇見了自己，我會好好的陪妳走過這一段。」很神奇的是，女兒的便便危機，竟然從此解除了。從那天過後，就再也沒有失誤或來不及。

✽回到過去給自己一顆勇氣糖

在送給童年的禮物中，有個讀者很特別，她送給自己的禮物是一顆勇氣糖。

小——，小時候妳因為父母感情不睦，外遇爭吵，很傷心。如果重新來過，我想要跟媽媽說勇敢離開爸爸。現在的我，想要好好抱住妳，跟妳說聲對不起，當時我沒有好好的照顧妳，為了表達我的歉意，我要送妳一顆勇氣糖。

這位讀者回想兒時，因為父親外遇，父母時常爭吵，爭吵的過程時常爭論不要孩子，讓她很受傷，也很害怕有一天會被父母拋棄。尤其母親時常在和父親爭吵後離家，不知去向，讓她很恐懼，常覺得心裡壓力很大。送給自己勇氣糖，是希望自己當時能有勇氣告訴母親勇敢離開父親。回想這段旅程，她坦言：

雖然送完禮物之後，內在的小女孩沒有完全被療癒，但經過塗鴉畫畫、說出口和勇氣糖的儀式，把原本壓抑在內心的過往釋放，內心原本有一處深色的陰影有了出口，整個人感覺舒服許多。幾個月後，（雖然父母的關係還是沒改變，我和父親的關係一樣沒有好轉），但當我再次探看心中那道陰影，我意外發現，陰影已經從深色轉為灰色，漸漸消散，不再影響我了。

療癒需要一段時間，就像我們感冒生病，需要排毒清理，不同的傷口有不同的療程，修復的時間也因人而異。的確如這位讀者所說，有時不是送個禮物或重新面對，就能在短短時間，讓傷口癒合。不過，只要我們願意面對，勇敢說出來，並和那個傷口說說話，就像鬆綁綑住自己脖子的繩索，哪怕還沒完全鬆開，只是鬆開那壓一點點，都會好過很多。

※成長需要等待，也需要時間

有另一位媽媽讀者一回到童年，頭馬上就劇痛，心像被重重的烏雲壓得喘不過氣來。

她從小生長在一個破碎的家庭，爸媽時常爭吵，因為姑姑遠嫁美國，爸爸竟把妹妹送給姑姑撫養。

她想起以前媽媽被爸爸毆打時，哭求她幫忙，但她那時躲在牆角嚇壞了，無法保護媽媽，心裡很內疚。

這些童年創傷歷歷在目，爸媽當時還輪流離家出走，媽媽把這些婚姻的不幸和經濟的壓力都發洩在她身上，從未肯定過她。爸爸很早就離開她們，她很少體會到父愛。回想起過去，她才知道原來她和媽媽之間隔著一道牆，從來都不親近。她相信這也潛在影響著她和孩子的關係。

後來，她漸漸可以面對了，慢慢走回童年的種種，看見一幕幕不堪回首的場景，終於明白自己為何那麼樣沒有自信，沒有安全感，渴望愛與歸屬感。

她跟過去的自己溝通，回想爸爸打媽媽的那一幕，想像現在的她抱緊小時候的自己說：「沒事的，這些都不是妳的錯，我知道妳為何那麼害怕。」甚至想像媽媽也沒事的拉著她的手，告訴她：「妳是一個好孩子，不是妳的錯。」她親自回到過去，改變了那一刻，鼓起勇氣給小時候的自己一封信，請求當時的自己原諒，最後，送給自己一首歌，當作祝福。

現在，她真的完全對那件事情釋懷了，跟媽媽的感情變好。她說過去還有太多太多的傷口需要面對，但這是一個開始。她要慢慢改變自己的人生劇本，慢慢釐清頭緒，從悲傷中走出，讓自己不再是個脆弱、不堪一擊的人，而有比較堅強的心面對未來的問題。

成長真的需要等待，也需要一點時間，不管對別人或對自己，我們都需要一些耐心。真的，黑夜之後，總會等到黎明的。

✲男人如何面對兒時的自己？

我把讀者們的經驗和先生分享，好奇一個步入中年的男人會如何面對兒時的自己。沒想到，喜歡音樂的先生居然說出一番哲理。他說，內在的小孩就像藏在心靈深處的一根心弦，成為大人之後，現實的桎梏把我們層層包裹，導致我們有時怎麼樣都無法撥動它。如果你想要療癒自己的內在小孩，就必須振動自己的心弦，回到過去孩童的狀態和內在的小孩共振，共振就能相應，相應之後自然就能和童年的自己產生共鳴。

先生的比喻，讓我對他刮目相看。他進一步說，振動就是聲音，如果我們能夠回到童年傾聽內在的聲音，和內在的孩子產生共鳴共振，就能找到療癒自己的心靈鑰匙。心靈鑰匙一旦打開自己的心房，就像一顆石子丟到心海產生一圈又一圈的漣漪，就會有越來越多的心弦被撥動，長久以來的桎梏就會一層一層被解開，這就是療癒成長的起點。

我想，不僅是人與人之間，要磁場頻率對了才能溝通，我們跟內在的小孩也需要不斷的調整「頻道」，才能一步一步和深處的自己做連結。不妨從寫一封信給內在的小孩開始，當我們發自真心和兒時的自己說話，療癒就在那一瞬間發生。

※送一道溫暖的陽光給童年

有個讀者朋友回家後和先生分享，先生也寫了一封信給童年的自己：

小——，小時候你在英文補習班表現優越，甚至勝過一向名列前茅的姊姊，以班上最小的年紀獲得老師的青睞及晉升的認可，但父母卻擔心你年紀太小會記不得而決定讓你留級並重讀兩次，你很傷心。如果重新來過，我想要和你站在一起，把我們的不滿和挫敗表達出來。現在的我，想要好好抱住你，跟你說對不起，當時我沒有好好照顧你選擇了逃避，從此懷疑自己的能力。為了表達我的歉意，我想要送你一個「勇氣」，也送給我自己，希望能找回屬於我們的自信和快樂。

這位爸爸事後和我分享，療癒這個心結，讓他學到，父母總想為孩子周全的設想，但在過程中往往忽略孩子本身的感受。現在他身為人父，不時的提醒自己要考慮孩子的角度和立場，希望孩子能快樂自信的去做人生每一個決定。

還有一位爸爸讀者，也寫了一封信給兒時的自己。

小——，小時候你的父母關係一直都不太好，你很傷心。如果重新來過，我想要請他們盡早和平離婚。現在的我，想要好好抱住你，跟你說聲對不起，當時我沒有好好的照顧你。為了表達我的歉意，我要送給你一道朝陽，給你無限的希望。

幾個月後，他說：

當時，我送陽光給童年，因為陽光的溫暖可以療癒童年的創傷，而且太陽能量強大源源不絕。當我自己找個安靜的清晨，迎向日出被太陽擁抱的那一瞬間，我感覺被母親溫暖的擁抱，很安全很放鬆，想法變得較正向。童年對愛感到失落的我，似乎在那一刻得到太陽的撫慰。現在的我，即使沒有陽光照著，也知道太陽一直都在，比較不會有太絕望的無助感。

這位爸爸一直覺得自己很情緒化，這個情緒化的個性其實深受母親影響。當他回到童年，接受太陽像母親一樣的撫慰後，他發現自己現在可以用冷靜的眼光看著事情的發生，比較不會被恐懼淹沒，也不會被情緒一直牽著走了。

✲無法刪除／重設？不妨暫時放下

賈伯斯曾說：「想把事件的因果串連起來，就必須往回看。」回首過往，要一點面對自己的勇氣。不過，有些人有勇氣面對自己，卻在回頭探視痛苦時，被痛苦綁架了。

有個朋友一直為情所困，主要是先生很有女人緣，婚前就常和女同事約出去喝咖啡聊天，甚至還會上交友網站想再多認識其他女孩。沒想到，婚後先生還是像婚前私下約女生吃飯、接送、聊天，下班回家就滑手機，互相在臉書上秒讚秒留言。爭吵中她發現，先生把她看成黃臉婆，卻把對方當作女神，讓她難受極了。

她說：「我就像是躲在深宮的怨婦，一心一意盼望著丈夫回家，想跟他分享孩子的點滴，卻不知道，這個家對他來說，像個鳥籠，我給的，不是他想要的。我要求家事分擔的態度總是理直氣壯，嘴巴總是碎念，臉上沒有妝，身上穿的是家居服，看到他總是穿得漂漂亮亮，溫柔的和女同事聊天，我的心情就像世界末日。有很長的時間，我陷入自卑自憐，一度想不起為何女兒長大速度這麼快，我一定在當時錯過她的成長，只看到自己的哀傷。」

幾次回到受傷的那一刻，她總是陷入憂傷，無法抽離。我一直無法明白，為何她老是沉溺痛苦（無法刪除痛苦的程式），卡在原地無法前進（無法重設新的畫面）。後來，我才知道，她卡關的原因是，她無法進入傷害的記憶按照她想要的畫面重演一遍，因為她根本沒有能力和能量過她渴望的生活，或帶著比較好一點的自己，回到傷心的那一刻，給當時脆弱的自己力量。

我跟她說：「**如果妳無法回到傷心的記憶給自己力量，就不要勉強自己，先暫時放著，不要一直想要給自己一個確切的解釋和答案。先努力照顧好現實中的自己，把當下的生活過好。**」

我鼓勵她深呼吸，做水冥想，每天做一件「愛自己」的事，再慢慢學習把痛苦畫出來，用力的撕毀，感覺痛苦真的有被釋放出來。比較好過一點的時候，學習給自己新的祝福。

※把自己過好，才有能量跨越艱難

很慶幸的是，這個朋友真的努力做了改變。她說：

妳叫我把痛苦畫出來時，我畫了大黑洞，表達我痛恨先生因為不懂和女生避嫌而讓我一再受傷。但在畫畫的同時，我的恨意及憤怒卻越來越少，心裡的負擔也越來越少。可能是我畫過撕過多次了，現在反而如釋重負，內心輕鬆多了。感覺痛苦被刪除之後，慢慢就有辦法修復重設了。

我畫了一幅圖為愛扎根，圖中紫色樹代表我，而泥土代表先生和女兒，意思是我的愛扎根在先生和小孩的土裡。看著自己畫出重設的圖畫，內心充滿喜悅感恩。因為我知道，先生和女兒的愛，是我成長的動力，也是滋養我的養分。我知道自己可以越來越好，也對未來有信心。謝謝淑文的提醒，我要努力提升，而不是在原地打轉。

從那之後，她開始給自己新的祝福和正面能量，多和先生分享，減少吵架的次數，也會適時表達自己的需求。

她知道，愛是要把對方拉回來，而不是透過爭吵把他向外推，懂得愛自己，別人才會更愛我們。她開始感謝這些事發生在自己有能力處理面對的年紀，她試著對先生說出感謝和愛意，買漂亮的衣服裝扮自己，現在先生也有了改變，彼此一起試著重新經營婚姻。

一個人一旦受過傷，心總是會特別敏感，有些傷口無法好得很快，越去摳它，它越容易發炎再次流血。

愛，是複雜的。愛與不愛之間，有很多起伏微妙的變化，不是理性的邏輯所能解釋。有時候，被同一個傷害綑綁太久，對自己對先生對小孩都很不健康。如果我們無法掌握對先生的愛，倒不如先把自己照顧好，把職場的工作（分內該做的事）做好，每天開心的把自己的愛與成長帶給孩子，讓孩子看到一個開朗健康有夢想有活力的母親。當我們把自己過好，能量越飽足，說不定就越有能力跨越婚姻的艱難了。

※對不起，請原諒我，謝謝你，我愛你

生命的突發狀況很多，有時傷害來得太強太快，不知如何面對，思緒一團混亂，連哭也哭不出來，整個人陷入慌亂，所有的方法都用不上時，我會默念《零極限》四句話：「對不起，請原諒我，謝謝你，我愛你」，反覆清理自己。

或許有人會質疑，自己又沒有做錯什麼事（而且明明是對方的錯），為什麼要我說對不起呢？我明明是個好人，做了那麼多好事，為什麼還會招惹是非，承受病痛的折磨？我已經夠倒楣了，為什麼還要說對不起呢？「對不起」不是對我們討厭的人說的，而是對我們所經歷的煩惱，對內在的神性（靈性）說的。

作者修．藍博士認為，所有的問題煩惱都是過去潛意識負面記憶的重播，所有出現在我們生命中的事物，都與我們有關。用科學角度來看，我們大腦每分鐘有一千五百萬位元資訊湧進，而我們只能感受十五位元資訊，說「對不起」讓我們保持謙虛，一定有我們無法照顧到的細節，才會出現這些煩惱。修．藍博士建議我們做這樣的思考：

「今生發生的人事物，都和我的內在有關。」（對不起，請原諒我。）

「我的內在發生了什麼，讓這個人（這個煩惱，這個病痛）困擾我？」（對不起，請原諒我。）

「不要把每個問題視為苦難，而是機會。痛苦會出現，只是為了再給我們一次機會，用愛的眼光，去看待這些問題。」（謝謝你，我愛你。）

我們不是聖人，日常生活難免會累積錯誤的習慣和習氣，不知不覺，也會犯下一些我們所不知道的過錯。如果我們能保持謙卑，把問題煩惱視為潛藏在自己意識種子過去記憶的重播，說「對不起，請原諒我」就等同按了刪除鍵，而「謝謝你，我愛你」則是重設，讓愛重新注入，用愛來轉化一切。

✲用眼淚沖刷內在的痛苦

有位朋友平常很溫柔，善解人意，和我感情也很好。有次和先生吵架，滿腔怒火，我請她默念《零極限》四句話，她完全無法說；請她把憤怒畫出來寫下來撕掉，她說：「我為什麼要刪掉重設，我就是要記得這個憤怒！」

我鼓勵她，圖畫不一定要撕毀重設，想哭就哭，把情緒發洩出來比較重要。哪知，她連哭出來都不願意。

「我不哭的，每次和先生爭執後，他轉身就走，我都不會哭。年幼的經驗告訴我，哭從來不能改變什麼。」我安安靜靜的接住了她這句話，點點頭，我想我能理解她這句話背後含藏的，其實只是需要被了解。我跟她說：「還是哭出來好了。」

或許她真的只是需要好好痛哭一場，聽了我這句話，她的眼淚馬上奪眶而出。不知哭了多久，看她漸漸止住了淚水，我故意調皮的跟她說：「原諒妳先生吧！我感受到妳先生心裡對妳很抱歉，只是不知如何表達才好，要不然我幫妳先生跟妳道歉好了，妳就原諒他吧！」沒想到，她聽了，不知什麼地方被觸動了，又繼續哭。讓我忍不住心裡想著，或許有些人需要的只是一個可以痛哭的肩膀，和一句真心的道歉。

她體認到一個每天只有家務和孩子的主婦，也該有自己的人生目標，找出自我的價值。她承諾自己要找出想做、想學習的事，甚至要有謀生技能。重要的是，必須要肯定自己，豐富自己的生活。

後來，她開始上瑜伽課，與自己身體有更深入的連結；重新拿出塵封已久的琵琶，期待未來或許也能以之授課。她的生活不再只有孩子和先生，還多了很多的自己。現在的她，感覺很好。

她從內在釋放出來的眼淚，悄悄的，刪除了她內在的痛苦，並帶領她修復重設了新的人生。

❇找到自卑的印痕

有個讀者朋友小時候，常被母親拿來和別人比較：「誰誰誰的女兒回家都會幫忙做家事或做生意，就只有妳最好命，什麼都不會做。像妳這麼『懶西』，長大以後有什麼路用？真是『撿角』（台語）。」導致她從小很自卑，走路頭都低低的，怕別人看她。

二十九歲那年，她突然頭痛欲裂、腦溢血，緊急開刀後，雖然撿回一條命，卻造成腳部受損，走路一拐一拐的。因此，走在路上更怕別人看她，只要停在紅綠燈、十字路口，她的心跳就莫名加快，感覺路過的每個人都盯著她指指點點，為了避免心悸焦慮，還要繞路逃避或掉頭往回走，才有辦法平復自己。

後來，她接受某種心靈療法（在意識清楚的情況下回到記憶現場，找出童年創傷的印痕和解決方法）。藉由聽析員引導，這個朋友重回母親臨盆的那一刻，她感覺自己聽見母親說「不想生」了。於是，她將母親難產「不想生」，促使她待在子宮，看著產道猶豫要不要出來，和自己在十字路口焦慮要不要走過去做了連結。

雖然二十九歲腦溢血之後，母親對她的態度有了轉變，不再用話語貶損她，而她也參加許多心靈課程，努力修復自己，目前和母親的關係融洽，在現實生活中也是孩子眼中的好媽媽，但她內心還是有個心結無法跨過去，我鼓勵她回到讓自己傷心的那一刻，默念《零極限》四句話「對不起，請原諒我，謝謝你，我愛你」療癒自己。

她先返回出生的那一刻，同理母親生產的劇痛，跟母親說：「我知道妳一定很痛，痛到承受不住，才會說出『不想生』。妳的話，只是反應身上的痛苦，並不是真的不要我，不歡迎我的到來。」

然後，她對卡在產道裡的自己說：「親愛的，妳不必感到害怕遲疑，媽媽只是太痛了，才會說氣話。妳的到來是受大家歡迎的，我要跟妳說，對不起，不應該用卑微的眼光看待妳，覺得妳比不上別人。當別人誤解妳，我不但沒有安慰妳，還認同他們為妳貼上不好的標籤，請原諒我，沒有好好的照顧妳，讓妳受了好多委屈。謝謝妳，即使承受這麼多痛苦，還是不曾放棄，一步一步走到現在。從現在開始，妳再也不用孤軍奮戰，我會牽著妳的手，陪著妳一起面對承擔。我愛妳，我好愛、好愛妳啊！」

和內在小孩重新相遇，清理傷痛的過程中，這位朋友好幾次泣不成聲。發洩大哭之後，她的眼睛整整疼了大半天才慢慢恢復，雖然心裡還是有些疼痛，不過有一股暢快輕鬆，正像漣漪一樣，逐漸擴大蔓延。她想像有一道橘黃色，像太陽溫暖明亮的光，從頭頂上方照射下來。她和內在小孩手牽手，沐浴在這道光中，盡情的享受舒展，愉快的深呼吸。

經過這番洗滌，她過紅綠燈的狀況好多了，只是偶爾出現小緊張，比起以前，好了八成左右。聽她訴說這一切，我彷彿也陪她回到母親的子宮，見證她重新出生的那一刻。

※回到愛的發源地，聽見真正的聲音

奇妙的是，當我聽她提到母親不想生了，突然有個直覺告訴我，不是！也許她聽到母親不想生她，只是為母親的態度找個理由，但她內心真正的渴望，只是想得到母親的愛。

於是，我建議她跟母親求證。沒想到，她真的誤解了。她母親說，她生得很痛苦，痛了兩三天，不能吃不能睡，但完全沒有說過「不想生」三個字。

我們生命有很多時刻，都是這麼關鍵的。也許是我過去錯過太多，花太多力氣療癒修復自己的創傷，所以很敏感的抓住了讓這對母女重新連心的機會。

女人生產時，受到劇烈的煎熬，難免會發出雜訊。她母親是否有說出「不想生」這句話，其實並不重要。最重要的是，回到愛的發源地，讓彼此再度聽到「愛」的聲音，才是這位朋友返回母親子宮最需要聽到的聲音。

經過這番轉折，我問這位朋友，她對愛的渴望得到滿足了嗎？如果生命可以重來，她希望母親怎麼對待她？

她說：「如果生命可以重來，我希望母親能用我現在和孩子們相處的方式對待我。（這一點，要感謝母親讓我知道，父母哪些行為對孩子是負面影響。）例如：請放大我的優點，試著在我做得不錯的時候讚美我，對我做得不好的地方，可以給我鼓勵，幫我加油，或者教導我，給我時間慢慢練習。多擁抱我，肯定我，聽我說心事。」

※創傷的印痕，需要確認與釐清

知道母親沒有說出「不想生」這句話後，她又哭了一場。過了不久，寫了一封信給我：

淑文，這次我的眼淚，是一種豁然明白，是看見自己對愛的渴求。從小，媽媽嘴裡的我，總是樣樣不如人。我對自己最初的『認識』就是媽媽口中的樣子，所以我一直過得很自卑退縮、不安及壓抑。有了孩子之後，我用自己渴望被愛及理解的方式，套用在自己以及其他人的孩子身上，許多人都誇我對孩子有愛心耐心，現在才驚覺，原來是轉借與彌補自己對母愛的渴望。

我一直以為我最愛爸爸，沒想到，我對媽媽的愛及需要是如此強大。我所做的一切努力，就只是希望媽媽也能肯定我，然後愛我！或許如妳所言，我只是渴望媽媽愛我。謝謝妳，讓我知道媽媽忍受那麼大的痛苦，仍然堅持著，努力著把我生下來，沒有說過一句『不想、不要生』的話。我釋懷了，也放下了。

最後，這位朋友哈哈大笑說，她終於還給母親清白了。

讀著她的來信，我也忍不住帶著淚眼笑了，大大鬆了一口氣，好像完成一項重要的任務。不管我們有沒有得到自己想要的愛，有時候確認與澄清自己聽過的話，讓對方有機會解釋，甚至再次省視調整過去說過的話，是非常重要的。人，會改變，也會成長，尤其對於親近的家人和好友，更需要製造這樣的機會給彼此，讓愛可以更順暢的流動，讓彼此可以好好走下去。

✲放下對未出生小孩的懸念

生與不生，的確是個難題，有時甚至造成媽媽終身內疚。有不少媽媽因為年輕未婚懷孕，選擇墮胎；超過生育年齡不小心有了小孩，因為體力與經濟因素不得已拿掉小孩；也有媽媽因為懷孕過程體質或醫療疏失無法留住小孩而流產。不管流產或墮胎，對未出生小孩的懸念和愧疚，常常是媽媽揮之不去的陰影。

一次偶然的聚會，我看到一位五十幾歲的媽媽，畫了一個圓的創作。圓裡面空空的，只有簡單幾筆塗鴉的筆觸。突然有個直覺告訴我，這個媽媽曾經流產。

我和這位媽媽是初次謀面，對她一無所知。當她知道我從她的塗鴉畫看出她曾經流產，嚇了好大一跳。也許，她無意從圖畫訴說這個祕密，我卻從圖畫中看到空空的子宮，存在過一個生命的印記。

我不知有沒有嚇到這位媽媽？不管她是流產或墮胎，我感覺到，和她沒有緣分，來不及出生的小孩，並沒有怪罪媽媽。

聽說有的靈魂會設計一段非常短暫的旅程，只為了體會曾經在媽媽肚子中，那種被全心全意呵護的感覺。雖然，寶寶只停留在媽媽肚子一小段時間，但他們已經體會了什麼是愛，寶寶的靈魂會永遠記得那種愛的感覺，這正是他們設計來人間這段旅程最想經歷的。

有些未出生的小孩，其實很感謝媽媽讓他們體會那些，儘管只是一小段，但對這些選擇短暫停留的靈魂已經足夠。

※把愛與思念，投射到美好的事物

《靈魂的出生前計畫》這本書中提到一段未出生孩子的告白：「放下本來就不容易，但生命是個禮物，不論活著的時間有多少，都是一件美妙的事。在媽媽的肚子裡，那段時間我的眼睛、耳朵和我的心，都很快樂。雖然時間很短暫，但每一分每一秒我都很享受。我的死，不是妳造成的，只不過剛好我的時間到了。放下妳緊抓不放的沉重負擔和負面的牽掛，去看看遇到我之前妳所做的正面美好的事。」

「雖然妳看不到我們，但我們還是活著。我們經常去探訪自己所愛的人，把我們的手放在他們的心上，用我們的形體包圍著他們，好讓他們感覺到我們的愛，這麼做可能會讓他們發現到，生命是永恆的。他們看不到我們，並不代表我們就不存在。思想的速度是很有力量的連結，無論妳是否感覺得到我們的存在，只要妳想著妳深愛但已經不在妳身邊的人，就能立刻把我們帶到妳身邊來。」

每次想起那位媽媽那幅圓的創作，我總會忍不住思索：為什麼老天爺要讓我知道這個媽媽曾經流產呢？或許是冥冥中，孩子感覺媽媽還放不下，才透過我「看見」媽媽的塗鴉畫，安慰這位媽媽的心。

每個靈魂來到這個世界，都是為了體會「一段旅程」或經歷「一段關係」。在投胎進入媽媽肚子的那一刻，就已經決定好他今生停留在地球的時間。不管停留的時間是長還是短、用什麼方式離開，其實靈魂都按照「出生前計畫」完成他們想完成的旅程。肉體會死亡，靈魂卻不會消失，在他準備好的時候，會依照自己想要的經歷和成長，再次選擇最適合他的父母。

當然，我並不是鼓勵流產或墮胎，而是如果你真的對未出生的小孩很內疚，不妨在心裡默念《零極限》四句話「對不起，請原諒我，謝謝你，我愛你」，跟孩子說對不起，並表達你對他的愛。有的媽媽會到寺院為未出生的小孩祈福，也有媽媽把不小心流掉的小孩再生回來（流產之後，再有小孩的機會也很高）。不管用什麼方式，把殘留在心裡的歉疚和罪惡感釋放「刪除」，對媽媽真的很重要。歉疚與罪惡感無法改變什麼，倒不如把歉疚與罪惡感「重設」轉化為祝福。

當你內疚時，就祝福你未出生的孩子有更好的來生，並把你對他的愛和思念投射到其他正面美好的事物上，這才是真正的愛，而且孩子才不會一直牽掛媽媽，牽絆了來生的腳步。

※沒有人是完美的

也曾有讀者問我，不是每件事情都有辦法刪除／重設，萬一我們所犯的錯，是巨大的傷害，而且難以彌補，要如何懺悔才好呢？

過年前，我去高二監輔導一位年輕人，他一直為他所犯的過錯深深懺悔。監獄長官覺得他很穩定，其實是不大需要輔導的，但我總覺得他眉宇之間還藏著一種傲氣和殺氣，也許別人看不出來，但我知道一定還有什麼，沒有好好放下。

這次看到他，我問他平常如何懺悔。他說，他都念佛迴向給他傷害的女孩。我說，只是念佛迴向是不夠的。

真正的懺悔是，回到你傷害對方的那一刻，甚至傷害她的前一刻，反省自己的所作所為，跟那個女孩說對不起，如果從頭來過，你絕對不會這樣傷害她。然後，你想像自己放下刀子，在那個女孩面前跪下來，祈求菩薩和那個女孩的原諒。我跟那個年輕人說，如果我平常做錯事，我一定會馬上道歉；如果無法馬上跟對方道歉，我甚至會先跪在菩薩面前念懺悔文，五體投地跪拜，深深懺悔。

那個年輕人臉部和肩膀突然很緊繃，問我：「五體投地跪拜，深深懺悔，怎麼做？」他沒做過，不知怎麼做。

我聽了之後，馬上從椅子起身，趴在椅子旁邊的地上五體投地跪拜，示範給他看。監獄的地板有點髒，我這個突然的動作，把年輕人和在旁邊戒護的主管嚇了一跳。

我趴在地上念完懺悔文，從地上起身，看見那位年輕人的眼眶熱熱的。他的肩膀鬆了，那份傲氣和殺氣突然間卸下了。

從那次見面之後，因為忙碌，就無法抽空去看他。每次想起那位年輕人，我就在心裡默禱，願我的真心與誠意，真的給了他一點什麼。

✻懺悔，是對自己的清理和淨化

常常有人問我，在監獄當輔導志工，對受刑人付出那麼多，對惡習難改的受刑人到底有沒有用啊？這個問題真的很難回答。因為，教育只是播種，播了一百顆種子，如果有一顆發芽，就救了一個人，少了好幾個被害人。那麼，如果一百顆種子，連一顆種子都沒有發芽呢？

當然要繼續播種啊！如果你不播種，連期待發芽的盼望都沒有了。

沒有人是完美的，我們多多少少都會犯一些錯，有時就算想改也不是說改就能改。每個人的業力和習氣都不一樣，像我自己就是個有很多缺點的人，迷迷糊糊的，常常不知不覺就會做出糊塗事，所以我對懺悔兩個字特別有感覺。

有時，並不是懺悔就能改過，也不見得別人告訴我們如何改過，我們馬上就知道如何改。明白自己錯在哪裡，道歉後，知道如何改，然後真的去做，做了又能夠持續，最後真的改過來了，其實需要一段很長的旅程（考驗）。

懺悔，可以清除犯錯的罪惡感，也是對自己的清理和淨化。如果我們對某個人很愧疚，最簡單的方式就是在心裡默念懺悔文（佛經或基督教祈禱文皆可），或默念「對不起，請原諒我，謝謝你，我愛你」反覆清理自己。如果那個人已經過世，我們所犯的錯已經無法彌補，不妨以他的名義做一些好事，彌補對他的歉疚。當然，如果問題不在過去，而在現況，勇敢向對方認錯，說出自己在哪個地方傷害對方，請求原諒，並謙虛的希望對方告訴我們，要怎麼做才能減輕對他的傷害，或自己要如何努力才能讓彼此更好，這是最直接最有行動力的懺悔。

※道歉，就是刪除轉化

身為媽媽因為生活瑣事多，分身乏術，要成為好太太、好媳婦、好媽媽，樣樣完美不犯錯，其實有點難。

記得有次和女兒躺在床上聊天，女兒突然說：「媽媽，妳剛開始寫作，真的好辛苦，尤其是妳每次趕稿，我在旁邊吵妳，妳都會……」聽到這裡，我的心揪了一大下，當時採訪寫稿，過著昏天暗地的生活，女兒在旁邊吵我，我該不會生氣，說一些心煩的氣話吧？

我的臉紅了，馬上說：「媽媽當時一定很兇吧？對不起喔。」自首者得以減刑，勇敢認錯才是上策。

沒想到，女兒說：「沒有耶，媽媽沒有很兇，而是把我抱在大腿上，一邊打字一邊念稿給我聽。打完一個段落，就叫我幫忙按 Enter，我還按 Enter 按得很開心。」

末尾，女兒還補充：「現在看媽媽，出了那麼多本書，越來越好，真的很替媽媽開心喔。我也要像媽媽一樣越來越好。」

好感動啊，我緊緊抱了女兒一下。原來，我們看著孩子長大，孩子也看著我們如何成長。當年有很多稿子的確是把女兒抱在大腿上完成的，有時抱著女兒趕稿，女兒隨著我敲鍵盤的聲音不知不覺睡著了，我的眼睛也跟著睜不開。我想，當年我的修養和耐性應該沒那麼好吧，只是孩子長大了，我也走過最辛苦的日子，回想從前種種，自然都留下美好甘甜的記憶了。

記憶真的很奇妙，會隨著你的記憶和成長自動淘選，就算當時不完美，真的做錯什麼事，因為懂得反省修正，也就沒什麼了。謝謝女兒沒有怪罪我，還在我那段寫稿趕稿，把自己搞得焦頭爛額的艱困歲月，幫我記得那一絲絲溫暖的美好。

身兼多職的媽媽要照顧家庭，為人妻為人母又要保有自己的工作（興趣），是非常辛苦的。常常有媽媽跟我說，因為力不從心，沒有處理好自己的情緒，而對孩子有深深的愧疚和罪惡感。媽媽也是人，會犯錯，也有脆弱的一面，只要自己懂得反省認錯並做調整，其實大部分的孩子都能體諒媽媽。

與其鑽牛角尖，不如從挫折中學習，和孩子一起成長。我們守護著孩子，也讓孩子看見我們的脆弱和成長。孩子的眼睛是雪亮的，只要我們是個會成長的媽媽，一時的情緒起伏，其實不會對孩子造成負面的影響。

如果真的對孩子過意不去，嘴巴說不出口，不妨就用寫信的。有些媽媽會把寫給孩子的道歉信，放在枕頭、書桌、鉛筆盒或便當袋。道歉，是一種清理自己內疚的儀式。不管我們道歉的對象是孩子、伴侶或同事，只要我們真心認錯，寫信懺悔或直接向本人道歉，就是刪除舊程式，做能量轉化，重設我們和他人的關係。

※無法重來的遺憾，就用新的理解寬恕自己

有個朋友一直對她父親的離世很自責。她父親罹患大腸癌，後來轉移到腦部，手術之後，醫生本來建議先回家休養，但她突然想到，手術之前父親曾做過放射科相關檢查，所以就跟家人提議，順便進行放射治療。沒想到，接續的放射治療，竟讓父親的腦部細胞全面受損，出院時，已經完全失去自理的能力，連身邊的人都認不得了。

當時，她母親身上也剛動過手術，傷口還沒復原，又要一個人照顧父親，她很

擔心，建議請看護，但母親堅持不肯。父親因為腦部細胞受損，無法言語，所以哥哥設置呼叫鈴，只要按鈴，就可以讓母親知道父親需要幫忙。也許是父親按的次數太多，母親一個人照顧，也累到極致，有段時間，母親竟然把鈴聲關掉，導致她對母親不諒解。

回想這一切，這位朋友忍不住痛哭自責，如果當初她沒有提議進行放射治療，或許爸爸可以活久一些，也不會導致對母親的不諒解。我問她，如果重來一次，她希望怎麼做，才會讓現在的自己好過一點？

沒想到，過了一個星期，她竟然跟我說：「當我重新進入當初的情境，我以為我會告訴當時的自己，不要建議父親做放射治療才是比較好的選擇，至少父親的病情不會在那麼短的時間急轉直下。但當我和先生一起回溯，突然發現一切都有上天的安排。或許再讓我面對同樣的情境，我依然無法知道什麼樣的抉擇才是最好。」

讓她釋懷的關鍵點，是先生跟她說，當時父親接受放射治療，並不是由她一個人建議的，她母親和哥哥也參與整個決策，而且當初安排相關療程，感覺異常的順利，似乎是天意，也是命定。如果她父親不曾經過放射治療，或許未來的疼痛與辛苦會更加難以預期也說不定。

所有的痛苦都是自己綁住自己。**重設的意義，不一定要回去當時改變什麼，而是回到當時接受這個事件「如其所是」的發生，從責怪自己到接納自己，用新觀點和自己和解，把自己從痛苦中釋放出來。**當我們一個人憶起過往的種種，觀點比較單一，也比較容易鑽牛角尖。這位朋友邀請先生一起進入回溯的旅程，反而從先生的觀點，開啟另一個回憶的視窗，從不同的角度，看到事件發展的脈絡。

※解開罪惡感的枷鎖，放過自己

每個人都是時間到了才會走，該發生的時候就會發生。把原來的自責內疚，調整為冥冥中有上蒼的安排，不是她一個人的錯，也不是她一個人加速父親的死亡，讓這個朋友解開罪惡感的枷鎖，終於把自己釋放出來，還用另一種心境來理解母親，也找到當初不諒解母親的真正源頭：

「母親身上剛動過刀，傷口還沒復原，加上父親完全失去自理的能力，照顧的辛苦超乎常人想像。如果不是親力親為，誰也不能置喙。我們其實沒有資格去苛責母親，她當時真的太辛苦了。

「爸爸跟媽媽個性差異很大，媽媽比較強勢，而爸爸經常處於退讓的立場。長久以來，媽媽一直都是強勢的一方，我說什麼做什麼，都很難得到支持。其實再回頭去看，我對於重新設定和改變什麼狀況，都是無能為力的。」

用另一個眼光重新看待父母，她發現，整個事件都是依循著他們的家庭模式，以她當時的能力和處境，根本無力改變什麼。

就像剝洋蔥，一層一層卸下之後，這個朋友終於饒過自己，還返回原鄉去理解母親為什麼個性如此強勢，以及母親的成長史。

她發現母親是客家庄的長女，家有五個兄弟姊妹，外公重男輕女，使得母親必須在很多方面證明自己的能力。再加上母親只有高中學歷，配上台大藥學系的父親，更加激發母親的好勝心，導致和父親的相處常有摩擦，甚至父親生了重病就算母親沒有辦法照顧也好強好勝的一肩扛起，最後才會造成身心透支，把父親的呼叫鈴關掉的局面。

「父親過世後，母親哭了半年。她一直撐到最後，其實最辛苦的就是她。當我以這樣的角度去為母親著想，其實也很心疼，就不再卡在追究或責怪的心情了。」

每解開一個心結，這位朋友就卸下綁在身上的繩索，心靈鬆了，看待事情的角度也寬了。更棒的是，她終於看到自己在過程中，其實也努力為父親做了一件事。

「父親有一群很要好的朋友，在他生病期間一直持續關心他。於是，我邀請他們把對父親的關懷和對過往的回憶，寫下來給我。每次我回去看父親，不管他能聽到多少，我就是把這些關心念給他聽，傳達大家的關心讓他知道。最後父親離開以後，我還為父親做了一本紀念文集，這可能是我唯一為父親做的一件他會開心的事吧。」

「妳相信，父親在天上，感受得到妳所做的一切嗎？」我故意問這個朋友，希望她能在無能為力改變什麼的回憶裡，感覺自己「抓住」了一點什麼。

「我家老三說，在父親告別式的隔天，睡午覺的時候夢到外公，外公變年輕了，一如之前無病無痛時的模樣，背著背包，手上拿著行李，搭上了一艘船，臉上帶著笑，揮揮手向他說了再見，船朝向如陽光燦爛般的光明之處駛去。我相信，爸爸會在遙遠的彼端看著我微笑，因為他用自己最後的一段路程，教我學會人生中一堂艱難但是重要的功課：一切都有最好的安排。而我，也在這樣的過程中，療癒了自己的心。」

這位朋友改變了「過去痛苦的自己」，用新的理解寬恕自己，用愛的眼光和母親和解，用祝福的心學習向父親說再見，不再用父親的死亡苛責自己。我想，這樣的「重設」對她而言，才是最好的安排，這也是父親在告別式之後，想在夢中告訴她的：不管他怎麼走的，他都會很好。別被痛苦的陰影絆住了，要像他一樣朝著光亮的地方往前走才對呀。

※痛點的變化

要特別提醒的是，每一次刪除／重設，都要回到你最傷心的那一刻。每一次返回的痛點會不一樣，你必須對自己誠實，讓埋藏在深處的痛苦找到出口釋放，直到你把情緒都發洩出來為止。

有個讀者朋友，剛結婚時，先生一直沒有固定的工作，婚後就靠著她工作幾年的積蓄生活。後來夫妻想創業，想跟婆婆借錢，卻被婆婆以鄙視的口氣拒絕了，還好因為娘家的資助，先生的事業才逐漸有起色。哪知，幸福的婚姻沒幾年，卻發現先生背叛了她。第一次她逃回娘家，住了幾天，每天以淚洗面。小兒子當時不太會走，還用爬的去抽衛生紙幫她擦眼淚，大兒子也很貼心叫弟弟乖乖聽話，不要讓媽媽再流淚。加上娘家父母也很反對她離婚，叫先生把她們接回去。顧慮到親情和孩子，她選擇了原諒。

幾年後，無意間，她發現先生再度背叛。這次她沒有帶孩子逃回娘家，反而躲起來安安靜靜的想了四天。這四天，她天天念佛，不再徬徨無助，加上律師朋友給了她一些建議，於是短短幾天她就擬好離婚協議書，決定和先生平和離婚。剛離婚時，聽朋友說離完婚後最常吃的兩種藥是安眠藥和胃藥，很慶幸的，她沒有靠安眠藥才能入睡，心煩時就念佛，但有一段時間卻對酒有所迷戀，漸漸發現胃有點狀況，好像在慢性自殺。

她告訴自己，不要繼續傷害自己。聽了我的建議，她透過書寫畫畫，一次又一次的療癒自己，一有時間就帶著孩子去旅行，孩子的陪伴成為她活下去最重要的力量。

這位讀者朋友很安靜，很會照顧別人，你很難想像這麼美麗有氣質的少婦，經歷一場這麼劇烈的婚變。我擔心她把痛苦藏得太深，深到連她自己都不知道，因為她過度為別人設想，反而把痛苦的刀口插向自己，即使已經一點一滴的泣血，卻一直隱忍，以為自己沒事。

✲釋放痛苦，喚醒內在新的力量

我建議她把痛苦畫出來，然後狠狠的撕個粉碎。她說，把畫作撕毀時，好像撕毀前夫的無情無義，心情好像獲得前所未有的釋放，撕完再重設的圖畫流暢自在很多，和以往的風格很不同。這是我第一次看到她痛痛快快的，毫不猶豫的，把所有的痛苦都發洩出來。但我覺得還不夠，因著某個機緣，我請她再刪除重設一次。我希望引導她看見自己更內在更深層的情緒。

幾天之後，我收到她的來信。她寫著：

再次拿起畫本，回到傷心的那一刻，我用兩個粉彩條，一個代表婆婆，一個代表前夫，一邊推動顏料一邊回想，觸碰著過往，發現畫完婆婆那一塊粉彩，推動的那三根手指居然如此疼痛，再度推動代表前夫的粉彩卻沒有同樣的感覺。原來除了先生的傷害，藏在內心更深層的傷害，竟然是前婆婆。在我狠狠撕碎他們的剎那間，我告訴自己以後再也不會被他們傷害了，我要更強壯自己，同時也想到如果沒有遭遇如此的傷痛，也許就無法讓自己內心堅強及成長。如同妳說的，我就是自己人生的編劇和導演，我要為今後的自己創造更美麗的人生！

撕碎完之後，我又畫了一幅圖重設我的人生。在畫圖的同時，我在心中默念無數次〈往生咒〉迴向給自己，彷彿是在告別過去的自己，強壯自我的內心，重新活出嶄新的未來。如果將來有機會可以遇到陪伴我的另一半，希望他可以把我捧在手掌心裡疼愛。

畫完之後，感覺自己好像比第一次刪除／重設那張圖畫，更有力量及自信了！原來反覆回溯傷心的那一刻，對自己會有這麼大的轉變，我之前真的太逃避，讓自己傷痛太久，太對不起自己了。

想起以前聽她說，再也不敢結婚了，而再一次回到傷心點，她不僅把痛苦刪除，同時也容許自己有更多的可能和盼望，不再任由傷害她的人控制她的人生。我一直深信，當我們可以勇敢的療癒過去的傷痛，就會收到新的愛與祝福；當我們願意把內心創傷從底層釋放出來，就會喚醒內在新的力量，同時也會讓自己得到真正的平靜和自由。

此大大的擁抱。

她拿起粉彩，畫出自己的內在小孩跟女兒，兩人一起牽手上學，一幅洋溢著幸福的畫面。她覺得能夠如此回到過去重新長大，即使過程中流了再多的眼淚，都值得了。

療癒第四步：刪除／重設

1 所有的痛苦都是自己綁住自己，我會回到傷心的那一刻，把情緒釋放出來，告訴當時受傷的自己，我可以有不同的選擇。

①寫一封信給當時的自己：如果重新來過，我想要怎麼做？

②按刪除鍵，重設過去的劇本，然後按照想要的畫面，創造新的過去。

③祈請信仰的神或信任的人給我力量，想像他們在自己最脆弱時出現，安慰、鼓勵我。

④表達歉意，送當時的自己一個小禮物。

2 刪除一天的負能量，帶著美好的能量入睡。

‧今天哪些事我做得很好，可以持續下去，變成固定的習慣？（用最喜歡的顏色，做記號鼓勵自己。）

‧今天我做了哪些事很沒意義？（用紅筆刪除。）

‧今天哪些事讓我不舒服，感覺卡卡的？如果重來一次，我要怎麼做會更好？（用藍筆修復，讓事件按照我想要的方式重來。）

3 默念《零極限》四句話：對不起，請原諒我，謝謝你，我愛你。說「對不起，請原諒我」等同按了刪除鍵，而「謝謝你，我愛你」則是重設，讓愛重新注入，用愛來轉化一切。

4 懺悔、認錯，可以淨除罪惡感，刪除舊程式，做能量轉化。最直接、最有行動力的懺悔：寫信懺悔或直接向本人道歉，勇敢向對方認錯。說出自己如何傷害對方，請求原諒，並謙虛的希望對方告訴我，要怎麼做才能減輕對他的傷害，或自己要如何努力才能讓彼此更好。

5 如果我心中的情緒很難平復，我會寫出來或畫出來，撕掉，再重畫（重設），徹底釋放情緒。做法如下：

①寫出不舒服的事或直接畫出痛苦的事件。

②馬上撕碎丟到垃圾桶。

③把雙手洗淨，桌面擦乾淨，離開現場，緩和情緒。喝喝水，深呼吸，想哭就痛痛快快哭一場，或洗個澡也好。

④回到座位，重設（重新畫一幅圖），給自己新的祝福。

6 每一次刪除／重設，都回到自己最傷心的那一刻（每次的痛點會不一樣），直到把情緒都發洩出來為止。

7 重設，不一定要回去當時改變什麼，而是回到當時接受這個事件「如其所是」的發生，從責怪自己到接納自己，用新觀點寬恕自己，把自己從痛苦中釋放出來。

8 如果一直無法或不敢進入傷心的情境，暫時找不到問題的癥結，或內心排斥去回想任何事，那麼就先暫時放下，過好目前的生活就好了。若是忍不住想起傷心往事，自己又不知如何面對，就問自己：「要怎麼做會更好？」讓心中的答案自然浮現，如此可以避免自己一直鑽牛角尖。

第五步：轉念／注入新能量

以新劇本開啟新的生活

重設新劇本之後，並不代表我們不會再想起那些痛苦往事，或看見某個人不再產生任何疙瘩。再來，要提醒自己用新劇本過生活，用新思維連結過去和他人的關係，不要在舊劇本輪迴。人都有慣性和習氣，很容易發洩完痛苦，當下覺得好過一點了，但過了幾天發現自己又回到原點，一不小心，又陷進去。

刪除負面能量後，如何持續轉念，為自己注入正面的能量，一步一步幫助自己遠離痛苦，是癒合的重要關鍵。

※創造對自己有用的能量

大家一定都聽過「望梅止渴」，一個人口渴了，找不到水喝，透過觀想梅子生津來止渴。梅子，究竟需不需要真的存在呢？梅子，其實可有可無，甚至可以被其他東西取代，關鍵在於我們透過想像力取得連結，分泌了唾液。最終的目的，只要可以「止渴」就好。

「望梅止渴」要停止的，其實是口渴的痛苦。所以，我們可以把這句成語延伸為「望＿＿止痛」，透過觀想某個東西，停止內心的痛苦。

這和前面提到的，透過水冥想清理負面的情緒，或者送給童年的自己一個禮物來修復創傷，其實是一樣的。有的人兒時家裡貧窮，買不起蘋果、肉乾，每次想起童年的創傷，就買一顆蘋果、一包肉乾吃一吃，撫慰兒時受創的心。有的人買圍巾、音樂盒、抱枕、洋娃娃，只要可以「望＿＿止痛」，這個空格填入什麼，不管是現實中的我們買禮物送給兒時的自己，或只是用想像力回到童年送給兒時的自己一份祝福，只要和我們的生命經歷有連結，能給自己正面能量，可以緩解痛苦，我們怎麼想怎麼做都可以。

望——止渴，望——止痛，從渴到不渴，從痛到不痛，就是一個從負面走到正面，讓自己轉念，注入新能量的過程。這個空格，可以是光、神佛、守護天使、愛的泉源、各種冥想、多說肯定句，甚至是自己畫的一幅畫、大自然的一棵樹、一朵花……只要是正向、對自己有幫助的東西，都可以為自己注入新能量，帶來修復力。

從「望梅止渴」，我得到幾點啟發：

1 藉由一個無形（或有形）的東西，甚至透過想像，我們可以停止痛苦。

2 靠自己召喚出來的正面情緒，也可以止痛，創造對自己有用的能量。

3 常常觀照自己的心，學習辨認（覺察）什麼能幫自己止痛。

✻沒有情緒負擔的愛，才是真正的愛

有個媽媽讀者外表溫柔婉約，內在卻常壓抑著一團火。她畫了一棵大樹象徵她對孩子的愛，樹幹似乎過於僵硬、直挺，我擔心她孩子的脊椎承受過多的壓力，於是提醒她要讓情緒找到宣洩的出口，可以多畫藍色和紫色，藍色像水可以洗滌她的無名火，紫色則讓她回到靈性，和她信仰的菩薩連結。畫完之後，可以撕掉重設，重複做幾次，直到把負面情緒排除。

沒想到，過了一陣子，我收到她的來信：

淑文，生理期這一週，內心的火旺到我快無法招架。我知道，如果不讓自己寧靜，等孩子回來，我又會投射在他們身上。妳曾說我的樹幹畫太直，孩子脊椎僵硬，我深知孩子是承受我的情緒所致。

妳鼓勵我多畫藍色，於是我拾起粉彩，在那幅畫背面畫滿了藍色，然後撕下它，向它道歉後，就揉掉了。接著，我又畫藍色和紫色，部分混色，撕毀了它。我察覺這火太旺了，接著我站在佛像面前，請求菩薩媽媽、宇宙萬物教導我，使我生智慧，然後想像自己站在地球上，有藍色的光清理我，讓我寧靜。

做完這樣的冥想，內心寧靜多了。但我內心極渴望寧靜，因為心靜、心定便生智慧，我想有智慧面對自己和家人，接著又去靜坐，然後帶著滿滿的寧靜出門接孩子下課。這方法真的很受用，謝謝妳，我值得為自己做這樣的努力。

讀著這封來信，心裡好開心哪。記得她曾問我，如果孩子情緒有狀況，該如何引導孩子呢？我跟她說：「傾聽他，把他的話記在本子上。不要太快否定他，聽完抱抱他，不要給太多指導，然後請他去做他喜歡做的事。在他做喜歡做的事情時，你就去靜坐，靜坐時你就會有答案。」

媽媽平常面對的瑣事很多，情緒本來就比較容易起伏，看到這位媽媽讀者能夠調伏內在的無名火，不僅學會釋放負面情緒，還學會愛自己，連帶也把愛的能量傳送給孩子了。我相信她的孩子會越來越幸福，因為他從媽媽身上得到的愛是喜悅的能量，而且沒有情緒的負擔。

❉情感越深，連結越深，療癒能量就越強

不要小看自己，常常觀照自己的心，撫摸它，聽聽它的聲音，問它怎麼了、需要什麼幫助，然後跟宇宙發出祈求，祈求宇宙幫我們找到療傷止痛的力量之物。當我們發出祈求，宇宙就會幫我們連結，召喚出對我們有幫助的能量。有位朋友，就是和大自然的樹及天上的雲連結，透過和它們對話，重新找到力量，走過失去阿嬤

的傷痛。

來看看她的故事：

從滿月起，我就是阿嬤帶的，阿嬤是我生命中最緊緊相依的人。但這一年多來，阿嬤身體急速退化，我很慌，卻無能為力。

我找了一棵我可以環抱的大松樹，閉上眼，想像松樹就是阿嬤，用力抱著它，就像我兒時抱著阿嬤一樣。陽光照著樹，就像光照著阿嬤，帶走她的病痛。當我抱著松樹感受這一切，彷彿回到兒時，真的抱著阿嬤了！我的頭枕在阿嬤的身上，阿嬤也慈愛的看著我，回抱著我！

過了一會兒，我坐下來看著廣闊的天空，試著想像，雲是否想告訴我什麼？看著看著，覺得其中一片雲好像一個小孩的臉，小孩笑著，依偎著一旁的大人。我問雲：孩子啊！你開心嗎？雲並沒有回答我。不知過了多久，我忽然發現，雲漸漸淡去、消失。我慌了，忍不住問：咦？你的臉為什麼變模糊了、變淡了？等等！你們要去哪裡？我彷彿聽到雲說：親愛的，一早，我們就在天上看顧著地表所發生的一切，看著妳睡眼惺忪的跑出來看晨曦，也看到妳抱著阿嬤般的大松樹。妳的一切感覺，我們都感受得到。我們想告訴妳，不要難過，不論存在或是消失，都仍在這個空間裡，以不同的形式存在。就像雲是由空氣中的水氣組成，每個水蒸氣都是單獨的個體，一次因緣具足我們凝結在一起，一旦課題完成我們將各自展開不同旅程而分開。不論妳看不看得到，我們都仍是這宇宙的一部分，只是以不同的形式存在。我們想告訴妳：分離不是結束，而是另一段旅程的展開。

生平第一次，我和大自然有了這麼心靈的接觸，當我想起阿嬤時，似乎感到阿嬤化身成樹安慰我，而且也透過雲的變化教導了我。生和死，並不是絕對的0和1，存在和消失。當我感受到死亡不是結束時，似乎對於死亡，就不會那麼傷心與絕望。我願意相信，在宇宙這個空間裡，阿嬤將以另一種形式，或者在未來以另一個身分存在，並與我相遇。

讀完這段描述，我久久無法說話，鼻子酸酸的，心卻甜甜的，彷彿看到阿嬤在天上微笑，對著她招手。一棵樹，一朵雲，竟然療癒了這位朋友面對死亡的哀傷，也溫潤了我們的心。這樣的療癒力不是憑空出現的，而是這位朋友本身就喜歡大自然，因此不知不覺、自然而然的，就透過一棵樹一朵雲和她內心最深刻的感情產生連結。情感越深，連結也越深，帶來的療癒能量也越強。

望梅止渴，望——止痛，對我們而言，這個空格是什麼？我們得從內心去找，才能找到自己真正的療癒力量。

※用隨身本子，提醒自己用新劇本過生活

如果情緒容易反覆，可以用隨身本子提醒自己以新劇本過生活。新的思維、新的做法，才會產生新的結果。若是掉入舊劇本，只是重複舊習氣，難免重複舊的錯誤和痛苦。不斷的練習轉念，注入新能量，就能換掉舊的自己，讓自己轉變成新的人重生。

越是在創傷中重建自己的人，越需要過規律的生活。找一件喜歡做的事全心投入，或去學一樣新的技能，最好安排好每日的時間表，規定自己幾點運動、幾點去買菜、幾點去學東西，做到就打勾。當我們作息規律，減少胡思亂想的時間，專注的投入喜歡的事物，不知不覺就會度過最痛苦的時光。

露易絲·賀在《創造生命的奇蹟》提到，做好這五件事，就能照顧好自己，重

建新的人生：一、愛自己：做對自己有益的事。二、愛別人：做對別人有益的事。三、盡你該盡的責任：做不想做而應該做的事。四、運動：鍛鍊體力。五、鍛鍊心智：看書，靜心獨處，深呼吸。

我常請讀者朋友們依據這五件事檢視自己，常有讀者說：「哇，原來我都沒運動，能量才會阻塞不通。」「原來我忘了愛自己。」「原來我都沒給自己獨處的空間。」以這五件事為指標，維持身心靈的平衡，有助於穩定自己。

面臨生命劇痛或措手不及的變化，人都需要一段適應期。我在跨越轉捩點，心情也常忐忑不安。每次遇到這種過渡期，我都會換一本新的筆記本，記錄自己的心情變化。等到生活和情緒比較穩定了，就會把筆記本收起來，再換新的筆記本，過新的生活。

✼重複正向思維，內化為反射性動作

用書寫觀照自己，一邊發洩情緒，一邊為自己打氣。剛開始，心情不穩定，正面和負面兩端力量會互相拉扯，只要不斷重複正向的思維，注入新能量，舊有的那層皮就會漸漸褪去，新的自己就會向下扎根直挺挺長出來了。這種自我訓練，就像學騎自行車，一旦學會，新的思維就會取代舊的習氣，內化成為反射性動作。

松浦彌太郎在《100個基本》也很鼓勵讀者隨手記錄，並寫成筆記書。他說：「每當重新審視這些筆記，我會將『啊！我也想變成這樣』『這個我想學』等想法珍藏在心中，並時時檢視自己哪些辦得到、哪些辦不到，不斷的更新修正，如此這份人生地圖會更貼近自身。每個人都有屬於自己，而且想要用心守護的堅持，當迷路與不安湧現時，隨時拿起來，反覆看個幾遍，就能依循自己的成長軌跡蛻變。」從簡單的一兩句話開始，持續的觀照、記錄自己，或許有一天，我們不知不覺就會走過生命最困頓的時光，而且還會恍然明白，「原來生命是這樣」「原來我是這樣的人」「原來我不夠愛自己」「原來當年的決定是對的」……生命有很多種可能，做了才會知道。

※我們是自己人生的編劇和導演

「轉念」的字義拆開，「轉」是扭轉，「念」是今心，也就是當下。轉念其實是提醒自己，當下就要扭轉，把負面扭轉成正面。

實踐，是最難的。日常點滴的瑣事，常會考驗我們是否能在突發的狀況中扭轉負面的能量。

有一回坐捷運，人很擠，我擠在某位乘客的旁邊，左手拉著吊環，右手看著小說，一個動念，低頭一看，哇，是位女老師在改考卷。學生好像考得很差，每張考卷都被她畫好幾個大×。

不知是不是學生考得太差了，還是人潮太擠了，她突然抬起頭來，對著我不客氣大喊：「小姐，妳太靠近我了，妳讓我很不舒服。」忽然間，我成了眾人注目的焦點。

我馬上跟她說對不起，往右跨了一大步，離她更遠一點。

那位女老師頭也不抬的，悶著頭繼續改考卷。聽到叫罵聲的乘客，抬起頭，目光朝著我和那位女老師看了一眼，發現什麼事也沒有，又繼續看自己的手機，和左右鄰居交談。我則低下頭，繼續看自己的小說。時間靜靜滑過，每個人似乎只被那短暫幾秒撞了小小一下，隨即恢復平靜，彷彿什麼事也沒發生過。

或許，突然被陌生人叫罵的那一秒，有那麼一點尷尬。但說句對不起，很快就沒事了。

如果是我不小心，碰觸到那位老師讓她不舒服，那麼我本來就應該要道歉。如果是那位女老師心情不好遷怒，我一句對不起，會讓她心情好一點，那麼我說對不起也是美事一樁。

不管是誰對誰錯，下了捷運，也許今生都不會再碰面，何苦和一個陌生人過不去呢？很多時候，只要我們願意轉個念頭，再怎麼複雜的事，也會變得很簡單。**我們是自己人生的編劇和導演，短短一秒轉個念頭，人生就有不同的結局**。這是我自己編導的劇本，「一句對不起，就沒事了」。當然囉，你也可以選擇解釋抗爭，和她辯論討回公道。接著，或許會有人錄影上傳FB，哇，那又是另一個劇本了！

有個讀者聽了這段經歷，建議我：「淑文，當時若加上妳的招牌了解微笑，說不定那位女乘客會再融化一點呢。」唉呀呀，那位女乘客連抬頭看我一眼都沒有哩。

要不然，她一定會看見我帶著微笑說對不起的。

我們都活在自己的人生劇本裡。我因為轉念，改寫自己可能會陷溺在憤怒與人爭執的劇本，而那位女乘客則沉浸在別人對不起她、讓她不舒服的劇本。

也有讀者感觸良多：「原諒陌生人，似乎比原諒家人來得簡單，因為以後不容易遇到。家人關係比較複雜，緣分比較深，舊愁拆解尚未完成，新結另又形成。」

的確，身為母親，每天和公婆先生孩子相處，隨時都在上映不同形式的劇本。或許劇情怎麼走，不是我們所能掌握，但轉念很重要。面對每個突發狀況，要如何「回應」才能讓劇情往好的方向走，需要一點成熟的智慧和愛的正能量。

負面情緒常常主導我們，如果我們束手就擒，就會以受害者悲情的劇情結尾。生命劇本是我們自己寫的，我的每一個思想，每一個念頭，最後都會形成一個結果回報到自己身上。

練習覺察自己：「**這個念頭怎麼來的？我真的這麼想嗎？或只是情緒化投射？這個念頭最後會導向什麼結果？這個結果真的是我想要的嗎？**」透過思維修剪自己，漸漸的，我們會聽到內在真正的聲音，清楚自己怎麼思考，怎麼做決定，比較不會被負面的情緒拉著跑。負面的念頭減少了，正面的念頭多了，就會帶來更多美好的連結，我們的生命劇本也會導向美好的結果。

※靜心．提問．接收．轉念

歐普拉如此解讀失敗：「你一生將會受傷很多次，你會犯錯，有些人會稱之為失敗，但我發現失敗其實是上帝的話語，祂是說『抱歉，你走的方向錯了』，那只是個經驗，失敗是一種經驗。」

當我們失敗受傷，或許只是老天爺要我們調整一下方向，轉個念、轉個彎而已。我們不是聖人，難免都有瓶頸和挫折，有時我們甚至搞不清楚問題出在那裡，這時就需要透過具體的方法來轉念。

通常，我會先靜心，把問題寫在本子上，然後透過畫曼陀羅，抽天使卡，或用粉彩塗鴉，一邊寫，一邊畫，一邊接收上天給我的指引，最後往往會得到問題的解答。這或許牽涉個人信仰：在最痛苦的時候，我們向誰求助？我們心中的神靈指的是什麼？我們如何接收指引呢？

我想分享兩個生活小故事：

有一回，我們一家四口去看電影，商場剛好在賣筷子，還有用筷子夾豆子的遊戲。先生本來就很會夾，是他的強項，當場就玩得不亦樂乎。在一旁的我看得心裡癢癢的，明知自己不擅長，還是很想下場試試。先生和兒女都用驚訝、很不看好，又不想潑我冷水的眼神看著我。

沒想到，我一拿起筷子，竟然輕而易舉的把豆子夾起來，接著又馬上成功夾起一顆超小的豆子，把先生和兒女嚇一大跳，讓我好得意。

究竟是什麼神奇的力量，讓笨手笨腳的我，一剎那間，突然開竅了？我想，那是閃電般的直覺，突然聽到「自己一定做得到」的聲音。然後，就毫不猶豫，抓住那份直覺來的自信，做了第一次嘗試。

最重要的是，當我伸出筷子夾豆子的那一刻，我完全沒有懷疑自己會做不到，而且忘了自己是一個笨手笨腳的人。原來，只要相信自己可以，就真的可以。

德國哲學家叔本華說：「人人都把自己視野的極限，當作世界的極限。」其實，我們生命中有許多神奇的時刻，老天爺會傳遞愛的訊息給我們，告訴我們生命有很多可能，只要相信自己可以，就會產生不可思議的力量。

關鍵在於，要接收到上天給我們的靈訊；接收到之後，要願意相信並給自己機會嘗試。相信之後，並不代表我們會一帆風順，或從此一勞永逸，而是我們願意帶著那樣的信念，面對自己往後的人生，即使困頓挫敗，仍然屢敗屢戰不放棄。

我知道，這次成功夾起豆子，並不代表我以後就是一個夾豆子高手，或每一次一定都會成功。我並不是那樣看待自己，而是我深深領受一個上天的靈訊，不僅接收到了，還深深被那股神奇的力量所感動。我會記住這奇妙的時刻，同時鼓勵自己以後要大膽去嘗試。

我把這個經驗分享在臉書，好幾個朋友給我溫暖的回應：

「沒有去做，沒有去試，什麼都不會發生，何不給自己一次改變的機會？」

「有時候當我放手並信任時，奇蹟就出現了！」

「聽完妳的分享，在我覺得生命一點也不奇妙的時刻，我會提醒自己：其實我只是忘記裝上天線打開開關接收來自老天爺的訊息而已。」

一直到今天，好幾年過去了，只要想起當時先生和兒女看到我夾起豆子不敢置信的眼神，我就超級開心的，莫名就對生命生起一種信心，那種信心是「我抓住了，我接收到了，我感覺自己被什麼眷顧」的開心。

✻宇宙有同步性，奇妙的回應連結

第二個故事是，長期以來，我一直有走山路運動的習慣。

有一天寒流來襲，天氣又濕又冷，心裡有一點猶豫，想了想，還是按照往例去散步。一踏出門，風好大，突然對自己沒信心。但當我堅定自己，一步一步邁出腳步，我感覺自己做對了決定。

如果我在家，身子不動，反而會越來越冷。當我選擇啟動自己，我感覺自己的細胞全部都打開，活起來了。下雨天走起路來，別有一番情調，樹葉因雨水的滋潤顯得鮮綠清爽，讓我的精神為之一振。心想著，這樣的天氣，會不會有小鳥、老鷹飛出來玩耍呢？

才一動念，馬上從樹叢飛出一隻小鳥，讓我忍不住會心一笑。我對小鳥招招手，像往常一樣，繞山路走一大圈，快到家門口時，突然發現家前面的電線桿，停了一整排的小鳥歡迎我。

我驚訝的張開嘴巴，停了幾秒鐘，才回過神，哈哈大笑，對電線桿上那一排小鳥說了謝謝。

原來，當我們學習照顧生命，生命會回應我們。不只身體的細胞會回應我，重新甦醒，大自然也會同步的和我一起連動，甚至用生命和我產生奇妙的連結。

回家後，我在本子記錄這個經驗帶給我的提醒。通常我會記下關鍵字：觀照自己、愛自己的身體（運動走路）、啟動自己、和大自然共振、奇妙的回應連結。這幾個關鍵字深深影響了我的思考和人生觀。

我一直深信，宇宙有同步性，在很多事件的背後，有一股力量推動著生命的運轉。一旦我們向神聖的領域敞開自己，就會接收指引。這個「神聖領域」有人稱為老天爺、神佛菩薩、上帝、高靈、指導靈、守護天使、源頭、至上意識，或宇宙源場等。每個人的根器和緣分不同，我們只要按照自己的信仰去祈求去提問就可以了。

也有人會持咒、唱誦真言，或持誦神佛的名號來和心中的神靈連結。持咒或唱誦真言，就像打一通電話給神（菩薩），讓我們可以迅速和祂連結。如果沒有任何信仰，不妨把神佛當作高等的靈、高等的能量、有高頻率的振動。萬事萬物都是能量和振動，越高等的能量，振動越快，也越輕盈。當我們和某個振動的頻率同步時，就可以接通祂給我們的訊息。

愛與真誠的頻率是最快最高的，只要我們真誠的敞開自己，提出疑問和請求，而這種疑問和請求是發自我們內心的愛，想讓自己或別人更好，自然就能創造高頻率的振動，接通上天給我們的靈訊。

❊問一個問題，塗曼陀羅轉念

曼陀羅簡單來說，就是在圓形上創作、畫畫、塗顏色。曼陀羅在西方被視為藝術治療的方式，因為圓形的曼陀羅就像一面鏡子，可以映照出每個人獨一無二的心像。圓形的曼陀羅也像回到母親的子宮，幫助我們回到初心，回復生命的完整。

以我自己為例，剛到南部監獄當志工，不知怎麼回事，常常回到台北就夢到受刑人，有時夢到自己跟他們同夥拚了命躲避別人追殺，有時是夢見自己像受刑人一樣殺了人。每次從夢中驚醒，就覺得自己過度擔心受刑人的「情執」實在太重了。我把自己的問題，寫在本子上，然後祈請上天給我指引。這時，我會根據直覺，從瑪莎．巴特菲德《神奇的曼陀羅》中，挑出一個曼陀羅來塗色。每一個曼陀羅都代表某一種能量，當我提問之後，根據問題選擇和我相應的曼陀羅，自然會和我當下

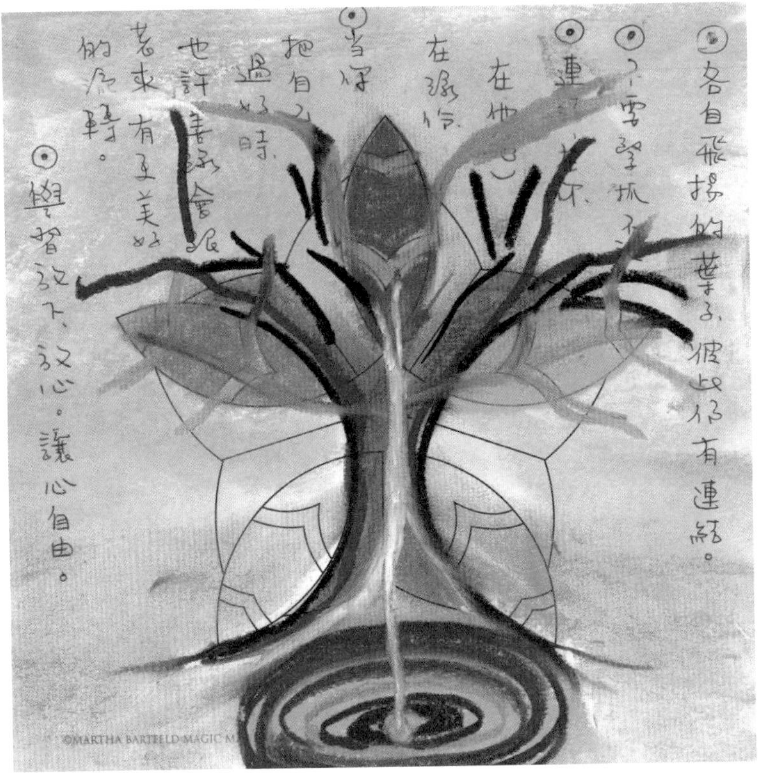
⊙各自飛揚的葉子，彼此仍有連結。
⊙不要緊抓不
⊙連 你、
在他心、
在緣份、
⊙當你
把自己
過好時，
也許善緣會很
若求有更美好
的流轉。
⊙學習放下、放心。讓心自由。
©MARTHA BARTFELD MAGIC M

的心境相呼應。

接著，我會從看到曼陀羅的第一眼，開始著色畫畫。譬如，這個曼陀羅，我第一眼就看到一片葉子，便順著直覺，一邊畫，一邊寫下從心頭竄出來的關鍵字：「各自飛揚的葉子，彼此仍有連結。」「不要緊抓不放，當我們把自己過好，善緣就會跟著來。」曼陀羅是圓形的圖騰，我會不斷的旋轉，像圓一樣的流動，提醒自己要轉念，不要停留在同一個視角鑽牛角尖。

當我順著直覺和當下的心情，一邊畫，一邊寫，不知不覺就畫出一棵樹，也找到解決的方法。

原來一段關係的連結，超乎我們想像之外。只要把自己過好，生命自然會依照我們內在的渴望去運轉。就像我所圖繪的這棵樹，當它用力的往上生長，自然會伸出根鬚穩固自己，長出美好，也照顧了大地。

我告訴自己，必須要做到下面幾點：

1 把自己過好。

2 給自己和對方各種可能。

3我繼續付出，但提醒自己，對方沒有你，或許也不會不好。讓彼此的關係自由，像飛揚的葉子，各自往上成長，仍然保持無形的連結。

我相信，**生命會在我們把自己照顧得很好時，在我們看不見的地方，以神祕美好的方式展開連結**。當我學會放手、放心、放下時，我發現自己終於不再做惡夢了。

✼用塗鴉畫，召喚內心的影像

我自己比較常用的轉念方法，是自由塗鴉，藉由畫畫抒發情緒，並用不同的角度看見自己。

許多人一聽到畫畫，第一個反應總是「我不會畫」。如果我們的畫作不需要被打分數，不需要畫得很像，也不需要給別人看，純粹只是胡亂塗鴉發洩情緒，這樣我們會不會更樂於拿起畫筆塗鴉呢？

畫畫，是人類的本能。我們的祖先很早就透過畫畫來互相溝通，他們哪會去管對方畫得像不像？美不美？他們彼此讀取的是畫中的情感和情緒。因此，我們只要順著感情和直覺去塗鴉就行了，如果一直在意畫得像不像，反而阻塞了情感的流動。

畫畫本身也是藝術治療，如同藝術治療師派特．亞倫所說：「我們對於自我、自己所愛、所憎恨的都有一些內存的影像。」只要動手畫，它自然就會浮現，塗鴉只是把這些內存的影像召喚出來，找到連結我們內在的心靈地圖。剛開始塗鴉，可以買一盒軟式粉彩條。這種粉彩可以用手推開、塗抹，比較可以發洩情緒。

最簡單的方式，就是攤開二十四色粉彩條，問自己：「今天的我像什麼顏色？」「為什麼這種顏色代表今天的我？」「這個顏色讓你聯想到什麼？」不同的顏色，有不同的能量，也反應當下的現況。當我們從二十四色粉彩選擇自己的顏色，內心就會有某一塊感情，隨著顏色開始流動。不同的時刻，不同的心情，會選不同的顏色。只是單純選顏色，我們就已經跟自己的內在連結了。

這種自由塗鴉，也稱心靈繪畫，有點像超現實主義提出的「心靈自動繪畫」，透過「一不留神從筆端流露」的創作，展開心靈探索。重點擺在什麼樣的色彩，挑起我們什麼樣的感情，眼前的圖畫（最好是不知不覺的隨興之作），勾起我們哪一個時期的回憶，藉由浮現在畫紙上的圖像，我們更加了解自己。這樣的自我探索，根本和畫得好不好、像不像沒有任何關係。

有時，畫得越不像、越抽象，反而引發更多聯想。畫完之後，我們可以把圖畫貼在牆上，站遠一點注視自己的圖畫，安安靜靜的冥想。當注視的時間越久，看到的就越多，很多潛意識的渴望就會不知不覺竄出來。

✲用最喜歡的顏色，畫出心靈圖騰

有一段很長的時間，我發現自己特別鍾愛橘黃色，每次遇到挫折，在塗鴉本塗上橘黃色的色彩，總能帶給自己莫名的慰藉。有一天，我突然想用自己最愛的橘黃色畫一個「我」，比童年還要小的「我」，比生命的初始還要古老的「我」，很原始的「我」。畫好之後，問兩個孩子看到什麼？女兒說：「看到猴子。」兒子則說：「看到一個很有力量的小孩。」呵，兩個孩子的答案，我都好喜歡。我相信，人類的祖先來自猴子，原始的我們都像猴子一樣靈活，而且有一股強大的本能，想要活下去的生命意志，一直活躍在我們內心深處。

透過自己畫的圖，我才恍然明白，原來我這麼喜愛橘黃色，是因為橘黃色代表陽光、溫暖和力量，這正是我內在最大的想望。我總是渴望自己能綻放明亮的光芒，散播暖洋洋的愛，也照亮人性的黑暗。當我們找到自己最愛的顏色，深深的觸摸到自己，同時就開啟了療癒的能量。

要療癒自己，一定要先觸摸到自己。如果無法觸摸自己，所有的療癒都只是表象。這就是為什麼許多人，一觸摸到自己最喜歡的顏色，都會忍不住掉眼淚。因為，生命的本能都是愛自己，自己和自己在一起。自己和自己分離了，才會有創傷出現，生命才會出現裂縫。

有個媽媽讀者一開始不敢畫，但幾次下來，手部滑動時，心也跟著平靜，

顏色的使用由原來的藍色到後來的橙色，她越來越有生命力，也會去思考顏色要告訴她什麼心靈訊息。

也有媽媽分享：「不只是我，我的孩子也學會了用畫畫抒發情緒。我們甚至可以用畫畫互相交談，說出了比語言更大聲的話語。」

如果能享受色彩帶來的療癒力，就能用自己最喜歡的顏色，畫出屬於自己的力量圖騰。有的人畫太陽，希望自己有提升的力量；有的人畫一艘停靠在岸邊的帆船，提醒自己要懂得等待；也有人畫老鷹張開壯碩的羽翼，期許自己勇敢的飛翔。這些圖騰，和我們內在的渴望是連動的，往往能幫助我們轉念，注入新的力量。

※透過畫畫，自我對話

拋開「我不會畫」的包袱，像孩子一樣自由塗鴉，我們就可以像兒時一樣寫塗鴉日記，在色彩與線條之間自由遊走。孩子是最真的，回到自己的內在小孩，用孩子的筆觸在圖畫中說出來的故事，往往最真實也最貼近自己。

有時，就算連自己也不知道自己為什麼要這麼畫，也沒關係，讓潛意識牽引自己去畫畫，累積一段時間，可以觀察自己有沒有偏好哪一種顏色，或偏好用哪一種圖像代表自己，然後問身邊的家人朋友，對這個圖像和顏色的想法。我們會發現，透過塗鴉了解一個人，有時比透過言語來得深入，或更能看到不同的面向。

除了把自己的心情畫出來，有時我也會讓畫中的人物彼此溝通，透過圖重新對話。潛意識有時會透過色彩和線條傳遞訊息給我們，點破我們的盲點和心結。透過圖畫，也可以幫助我們從事件中跳出來，用第三者的眼光，看看畫中人物想跟我們說些什麼。這一問一答（自問自答），也有自我釐清療癒的效果。

以下，就是我透過圖畫，自我對話療癒的親身經歷：

二十年前，我在台中教書，即將結束實習調回南部的最後一堂課，有個學生氣喘吁吁的從教室後門衝上來，送我兩幅他自己畫的櫻木花道漫畫。我珍藏學生的心意，調回台南編地理講義時，就把櫻木花道的漫畫放在講義第一頁。當年在我心裡那麼單純有才華的孩子，後來竟然和黑道幫派發生衝突槍殺了三個人而變成死刑犯，關在台南看守所。

帶著二十年前他畫的漫畫去探視他，我的眼淚潸潸而下。我鼓勵他重拾畫筆，只要畫一百幅菩薩，就幫他辦畫展。再怎麼壞的孩子，都需要被愛，被肯定。學生因為我的出現，重新和二十年前——十三歲單純愛畫畫——的自己連結，藉由畫菩薩，慢慢找回自信和年少的良善。從此之後，我每個月從台北搭高鐵去探視他，每週和他通信，直到二〇一三年四月他被處決。我到台中火化場，看到他被槍決的遺體，心裡非常難過。我的愛畢竟來得太遲，而且遲了二十年。

學生被處決後，監獄的主管怕我難過傷心，寫信告訴我學生如何走上最後一程，以及他最後的遺言。主管的立意是想讓我知道，學生雖是死刑犯，卻是帶著悔過、愛與平靜離開，希望我放下，不要遺憾傷心。

理智上，我什麼都知道，但郵差送信來時，我卻連打開都不敢打開。學生殺了人，自然要為他的罪行負責，他從來也不逃避這最終的結果，甚至還數度申請優先執行死刑。但對我而言，再次血淋淋的，攤開他最終的死亡，好像時間倒轉，回到他被處決的那一刻，一種痛徹心扉的痛苦，讓我閉著眼不敢面對。

當時，學生已經走了一年多，這一年多來，我重返監獄當志工，發願終身成為受刑人志工，不斷的調適，對因緣的聚散也漸漸釋懷。我自以為已經走過了，但是為何我收到信時，還是如此傷心，甚至不敢面對？

一定是我內心還有什麼過不去，所以老天爺透過這封信幫我做一次大清理。療癒自己最好的方法，不正是返回傷心的那一刻嗎？我最傷心的，就是槍聲響起，來不及和學生好好說再見。透過主管寫給我的信，學生如何度過最後一刻，如何走上刑場、最後說了什麼，我循著主管的描述，得以返回當時的現場去陪伴他。這也是我當初的心願，希望可以陪伴他，直到最後一刻。

※返回受傷的那一刻，碰觸到不同的自己

我吸了一口氣，把信打開，看了幾行，就淚流滿面。我一直哭，整個人像潰堤一樣，無法停止。我提醒自己暫時離開，免得又陷進去悲傷鑽牛角尖。

我走出去門外的花園，突然注意到花園裡的雜草，實在太久沒修剪，便挽起袖子，一邊拔雜草，一邊把剛才沒有發洩完的情緒哭出來。淚水、汗水、泥土，模糊了我的眼，除了盡情的痛哭，我也用力的拔雜草。就像要把所有的痛苦都拔除似的，平時累積好幾個月才有時間清理的花園，短短幾十分鐘就煥然一新。看到雜草都被我拔除了，一種全然的釋放跳上我的心頭，我感覺自己好多了，正要轉身離去時，突然不小心踩到狗大便。

天呀，真要命呀！我一邊用水清洗我的腳，一邊又注意到狗大便附近還有一些雜草沒拔完。在那個當下，一心一意只想跟悲傷做一次痛快了結的我，不同於平常對雜草總是睜一隻眼閉一隻眼，又蹲下身子把所有的雜草都清除乾淨。就這樣，淚水被我哭乾了，體力也被我消耗完了，我返回屋內痛痛快快的洗了一個熱水澡，把所有的悲傷汙穢都洗淨，然後喝了一杯溫開水，就昏沉沉的倒在床上，睡了一整個下午。

醒來之後，我的內心出現一種前所未有的平靜。我走到書房，安安靜靜的把看到一半的信繼續看完，看到學生赴刑場等待處決，抽著他生命最後一根菸。我想像自己在最後一刻走到他身邊，跟他說：

「加油，老師相信你能為自己的過錯負責，同時也相信，你會帶著菩薩和老師的愛，走向新的旅程。雖然很不捨，但也很感恩，二十年後我們還可以再相逢。老師對你很抱歉，遲了二十年才把你畫的漫畫做成的講義封面送給你，這是老師自己的心意，還是當年對你的承諾？即使二十年後在監獄重逢也不知如何向你確認。不管你的答案如何，老師的愛都慢了二十年，老師很自責也很難過。但是，我真的很開心教到你成為你的老師。希望你記得，不管你曾經犯過什麼錯，你在老師心中，永遠都是那個愛畫畫單純善良的孩子。」

主管在信中說，學生最後的遺言，就是希望老師多保重。所以我也想像自己當場聽到學生最後的遺言，擁抱他，跟他保證：

「我會的，我會保重自己，不要掛心。」然後，我看著他平靜的走入刑場。聽到槍決的聲音時，我的眼淚滑了下來，這次我的眼淚是平靜的。不同於突然收到他被處決的消息的震驚，當時毫無心理準備，整個人幾乎完全潰堤，自責、不捨、遺憾，現在的我是平靜感恩的，我終於學會好好跟他說再見。我把信抱在胸前，想像學生被菩薩引領，在愛的光芒中，重新開啟他的人生。

我的眼淚再度滑下來，重返傷心的那一刻，我碰觸到不同的自己。我摸摸自己的心，跟自己說：「過去了，一切都過去了。從現在開始，我要重新生活，相信學生在天上也會希望老師這麼做。」我拿起粉彩，把這個過程畫出來，除了畫出「傷心的我」「釋放的我」「全新的我」，也讓畫中的花草樹木和我對話。

忽然間，我對整個療癒自己的過程更清楚了，而且還發現，住在山裡二十年，平常與我為伴的花草樹木，其實就像朋友般包容我、關心我，嘰嘰喳喳的討論著：「淑文，又在哭了，心情起伏很正常呀！」大樹伸出雙手擁抱我，遠方的群山為我加油打氣，連在狗大便旁邊的小花都憋著嘴巴笑著：「我就知道淑文一定會踩到狗大便！」原來，我一直都不是孤單的，我被身邊的花草樹木眷顧著，當我下筆畫出它們在身邊陪伴我的過程，我有一種被深深愛著的感覺。

很多事不會無緣無故發生，我突然收到了監獄主管這樣的一封信，再次觸動我的傷心處，甚至會踩到狗大便，這些都是因為我的內在還需要清理。痛哭、拔草是第一次清理，因為清理一次還不夠，所以才會踩到狗大便。這麼看來，踩到狗大便似乎是一種命定，宇宙因應我還沒有完全跨越，還需要清理，才讓這一切發生。

就像清除淤泥一樣，把內在的淤泥疏通了，生命的流動就會比較暢通，內心也會比較舒暢快樂。清理，是對應淤泥而存在；清除淤泥，則是為了讓自己的內在更加清明。一切，都只是相應相生。

學生被處決那天，我無意間買了一本書《我與我的守護天使》，書裡面提到，每個人在自己身後三步遠的地方都有自己的守護天使，只要你願意召喚，祂就會出現。我一直深信每個大人小孩，身邊都有自己的守護天使，看了這本書，我相信學生在天上有守護天使守護著，而我往後遇到瓶頸，偶爾也會抽一張守護天使卡，聆聽天使對我的引領。重回學生被處決傷心的那一刻、畫完塗鴉畫之後，我抽了一張守護天使卡，看看天使想跟我說些什麼。

天使卡上面寫著「孩童」，下方文字說明竟是「你非常關心孩童，他們也很容易感覺到你的愛。所有的小孩，包含你自己的內在孩童，都需要愛、親密感與關注」，我的心一下子熱了起來。看到牌義解說寫著「一位在天堂的孩子說我愛你」時，我的眼淚奪眶而出，彷彿我重返傷心的那一刻，學生也同時在場，深深感受到我最後對他的愛。

接著，我又看到文字末尾還有補充牌義，「注意你的內在孩童」「像個孩子一樣」「你目前或未來將會從事幫助孩童的工作」，我的心深深被天使撫慰了。

我在幫助學生重拾畫筆的同時，其實也看見自己內在有一個愛畫畫的小孩。我忘不了學生十三歲單純的樣子，某方面也意味著，我也忘不了自己十三歲單純的模樣。不管我們愛一個人或恨一個人，愛與恨其實都是我們內在的反映。我所愛的人有我自己的一部分，我所恨的人也有我的一部分，因為我們的內在有那一部分，才會跟外境產生連結。

表面上，我對學生付出了愛；實際上，那份愛最終的目的，卻只是為了幫助我找回自己。我幫助學生找回十三歲愛畫畫的自己，同時間，我也找回十三歲愛畫畫的自己。找回愛畫畫的自己後，我學會了用畫畫療癒兒時的創傷，而為了支付探視學生南北往返的高鐵費，我開始開班授課，透過塗鴉畫幫助人探索自己，不也是要陪伴其他人尋回內在的孩童嗎？

原來，宇宙的運行都是同步連動的，沒有一件事情是意外，一切的因緣變化都像一張網互相連結。

※靜靜的傾聽，度過難關

有一回，我跟一位好友說，在我二十幾歲最痛苦的時候，常跑到一間寺廟跟菩薩說話，還寫了一堆信給菩薩，壓在佛桌底下。好友聽了，幽默的問我：「菩薩有回信給你嗎？」

我一時語塞，不知如何回應。回家後，我想了想，其實菩薩到底有沒有回信給我，並不重要，因為一個人最痛苦的時候，需要的往往不是答案，而是傾聽。

我把心得分享在臉書，引來熱烈的回響：

「淑文，我也常將我的憤怒、委屈、擔憂，向我家的菩薩傾訴，菩薩也很夠朋友，不會講出去。」

「我是基督徒，每當我低潮，也會向上帝禱告，說完後心情就好多了。」

「非常贊同，一個人傷心時，最需要的是被了解，以及對方用慈愛包容的態度傾聽。」

從讀者回應，我驚訝的發現，原來有這麼多人「找菩薩或上帝說一說就沒事啦」，這固然是信仰生出來的力量，但也讓我深深察覺，陪伴一個人度過難關的關鍵，也許不是有形的話語，而是某種無形的支持。這份無形的支持，包含靜靜的聆聽、保守祕密的信賴，以及無私的愛與陪伴。

✲生命像個圓，流動循環

最特別的是，有個男孩寫了一封信給我：

原本我想跟一個女孩結婚，準備了很久，也滿心期待。沒想到，如同電影情節，那個女孩以我料想不到的速度和我分手。我在佛堂誠心祈求，看看能否挽回這段感情。但，不管我跟佛怎麼求，什麼轉機也沒發生，讓我非常失望。

直到有一天，我突然感覺，身旁似乎有某種光照的氛圍圍繞著我。氛圍外，很多不好的情緒都被擋在外圍；氛圍內，什麼都沒有，就是靜吧！我在想，為什麼會這樣？

想了很久，終於想通了。雖然，上天沒有成全我的願望，但至少那段時間，沒有讓我把自己搞得亂七八糟。上天給我一個很棒的禮物，就是給我一個「心如止水」。我求佛，祂什麼都沒給我，但給我一個靜。哈哈！我突然有這種領悟，自己都嚇一跳。

經過幾年，上天給我一個機會，認識了一個很棒的女生。以我現在看來，佛法講幾世因果，我這個凡人看不見，也無法把輪迴看個通透。但我發現，在菩薩面前

懺悔，面對自己，真的很有力量。其實，人很怕面對自己。上天給我們那麼多痛苦，是要讓我們蛻變成長，那些痛苦其實是生命的寶藏。

這個男孩的故事，讀起來好動人哪！我們在向菩薩（守護天使，或你心中的上帝神佛）傾訴痛苦時，其實是把脆弱的自己真實的呈現出來。

有時候，我們真的很害怕面對那個不堪或不怎麼好的自己。但，當我們願意把負面的痛苦掏出來，就等於讓「正面的自己」，有機會傾聽「負面的自己」。所謂的轉念，其實是「正面的自己」和「負面的自己」，互相傾聽，互相對談，最後達到心靈的和解。

當我們深陷痛苦，不管信仰是什麼，最能支撐我們度過難關的，其實不只是我所信仰的神佛天使給我的指引，而是在祈求禱告時，我挪出了一個內在空間，讓自己有機會靜下心、沉澱下來，把心裡的痛苦倒出來。那不只是說給菩薩聽，也說給自己聽，因為對菩薩的信賴，讓我們放心的把最痛苦的那一面釋放出來。我們把痛苦掏給菩薩看的同時，也終於有勇氣去探看自己的痛苦，去和自己的痛苦對話，傾聽內在最真實的聲音。

也許是當年菩薩的撫慰，不知從什麼時候開始，我漸漸從一個傾訴者，變成一個傾聽者。原本我想跟菩薩傾訴，後來卻反過來學會傾聽。

我終於明白一件事：我們是傾訴者，同時也是自己的傾聽者。當我們跟菩薩傾訴的同時，其實也在和自己溝通，聽自己怎麼說。不管是由內往外訴說，或者由外往內傾聽，生命就是內內外外反覆的清理、流動、循環，像個圓。

※痛苦不會白受

學習聽，也學習說。不只聽「正面的自己」鼓勵自己，同時也學習撫慰「負面的自己」，聽聽他的悲傷、憤怒和委屈。生活難免有挫折，每隔一段時間，我們都必須花一點力氣整頓自己。第一次也許需要一個月，第二次需要兩星期，第三次也許只需要找人哭一哭、說一說就沒事了。成長需要時間，需要自己找方法，這一切都急不得，需要時間去探索。

痛苦和挫折，其實是生命很自然、很正常的一部分。當我回眸過往，探看那個二十幾歲，常常跑去寺廟向菩薩傾訴，哭紅了眼的自己，我發現，**沒有什麼痛苦是**

白白承受的，所有的痛苦對自己都有意義。很多事情，不會無緣無故發生。會發生，表示我們需要學習。

重點是，我們從這些痛苦學到什麼？如何帶著這些經驗，好好走下去，讓自己可以活得更好？或許是因為，我常常用這樣的觀點看待負面的挫折，很多不如意，即便讓我傷心一陣，也會慢慢釋懷。

我總會跟推動命運的那雙手說：「等等，我還沒認輸呢！」喔，不，應該說，當我們知道自己從痛苦中學到什麼，我們就走出命運的綑綁了！

第五步：轉念／注入新能量

當刪除了負能量後，如何持續轉念，注入正能量，一步一步遠離舊習氣，這是癒合的重要關鍵。

1 用隨身本子提醒自己，以新劇本過生活。

2 越是在創傷中重建自己的人，越需要過規律的生活。

安排好每日的時間表，規定自己幾點運動、幾點去買菜、幾點去學東西，做到就在記事本打勾。

3 做好這五件事，就能照顧好自己，重建新的人生：

①愛自己：做對自己有益的事。

②愛別人：做對別人有益的事。

③盡你該盡的責任：做不想做而應該做的事。

④運動：鍛鍊體力。

⑤鍛鍊心智：看書，靜心獨處，深呼吸。

4 望梅止渴，望＿＿止痛。學習辨認、覺察什麼東西對停止痛苦有幫助，創造對自己有用的能量來療傷止痛。

5 練習覺察：這個念頭怎麼來的？我真的這麼想嗎？還是只是情緒化投射？這個念頭，最後會導向什麼結果？這個結果真的是我想要的嗎？清楚自己怎麼思考、怎麼做決定，比較不會被負面的情緒拉著跑。

6 先靜心，把問題寫在本子上，透過畫曼陀羅，或塗鴉和畫中人物對話，幫助自己轉念，得到問題的解答。

第六步：相信自己會好起來

有一本書《靈性治療的藝術》深深影響我。書裡面提到，療癒是現在進行式，沒有所謂的時間，療癒在當下。

「在物質世界，似乎有接二連三的事件，是人類在一生中會經歷的，我們稱之為時間。把時間畫分為過去、現在、未來，是立基於意識的理性推演。在無意識的範疇，沒有過去或未來，只有『現在』存在。療癒永遠都是現在、當下所完成。千萬不能說：『我將會療癒。』因為這會把療癒帶進不存在的未來，取而代之的說法應該是：『現在，我正在痊癒中。』」

我們的信心有多強，復原的速度就有多快。療癒在當下，不是未來會好或慢慢好，而是在當下，我們想療癒自己的那一刻就好了。

※最痛的地方，是最需要照顧的地方

有一天晚上睡覺前，我突然頭痛得快要炸掉。好久沒頭痛了，到底發生什麼事呢？仔細一想，原來是前天下午走山路，想起這次回台南看守所，我的個案自知來日不多提早向我告別，想到我所輔導的個案早晚都要被處決，我要一遍又一遍面臨這種告別，忍不住邊走邊哭了起來。

原來，在我最脆弱時，我忘了照顧自己，太陽那麼大，居然忘記遮陽了。一旦知道原因，我的心馬上堅強起來。我坐在床上，透過冥想，進入那個在太陽底下忍不住失聲哭泣的淑文。我安慰她，拍拍她，告訴她該怎麼做，同時給她一把傘遮住了毒辣的太陽。

我摸著自己頭部最痛的地方，想像一道光柔柔的照著自己。我感覺頭部阻塞的地方重新開始流動，也感覺自己被那道光深深的愛著，恢復了能量和健康。我突然明白，**最疼痛的地方，就是我最脆弱的地方；最脆弱的地方，就是我最需要照顧的**

地方。我知道我自己的痛在哪裡，因為我是自己最好的醫生。

所有的病痛，都源自於自己的內在。或許是學會照顧珍愛自己，隔天起床，我的頭痛，竟然不藥而癒了。

※用肯定語和視覺想像，轉化負面程式

《靈性治療的藝術》提到療癒的重要關鍵，就是精神轉化（轉化心靈）、肯定語和視覺想像。把負面的思想模式轉變成正面的，是治療自己和他人要做的第一件事。

「所有的負面思想，都來自於受挫的欲望和恐懼。任何頭腦裡的負面思想，都可能對自己和他人造成傷害。頭腦是建造者，我們給予身體頭腦什麼，它就會逐漸成為那個樣子。如果一個不小心，負面感受已經形成，那麼，只要在腦海中創造出一個正向的畫面，利用正向的想像去抵銷負面的影像，把情況轉為對自己有利的，利用視覺想像，接納自己，肯定自己，就可以從精神層面來化解疾病。」

我自己最常使用的方法是，想像一道白光，溫暖的安慰我，照在我受傷的地

方。想像自己受傷的地方，在光的療癒下，立即（馬上）就好了。

也許，在現實中，疾病的復原要一段時間，但在做光的冥想時，我進入當時受創的情境，覺察受創的原因，然後安慰自己，跟自己說對不起，並向自己承諾以後會好好照顧自己。接著，我想像佛菩薩的光（你也可以依自己的信仰想像神的光、天使的光），柔柔的包圍自己，在光的撫慰下，我「已經」康復痊癒。一遍又一遍如此反覆的做，保持一種信心，往往許多病痛都會立即舒緩。

當然，我不是在創造療癒的神蹟（奇蹟），或以為所有的疾病透過光的冥想，都能治癒或馬上恢復健康。我想分享的是「相信自己一定會好起來的信心」。**生命出現裂縫，才會有所謂的傷口，而這個創傷出現的裂縫，就是光進入的地方**。光，是我們生命的源頭，只有用光與愛注入，傷口才有癒合的可能。當我們和療癒的源頭（光）連結，成為光與愛的通道，就能接收光，傳遞愛，療癒自己和別人。

第六步：相信自己會好起來

1 療癒在當下，不是未來會好或慢慢好，而是在當下，你想療癒自己的那一刻就好了。

2 你的信心有多強，復原的速度就有多快。

3 最脆弱的地方，就是最需要照顧的地方。你知道自己的痛在哪裡，因為你是自己最好的醫生。

4 進入受創的情境，覺察原因，然後安慰自己，跟自己說對不起，並向自己承諾以後會好好照顧自己。接著，想像一道光，柔柔的包圍著你，在光的撫慰下，想像自己「已經」完全康復。

自我探索

小結：傷痛後，想想自己得到了什麼

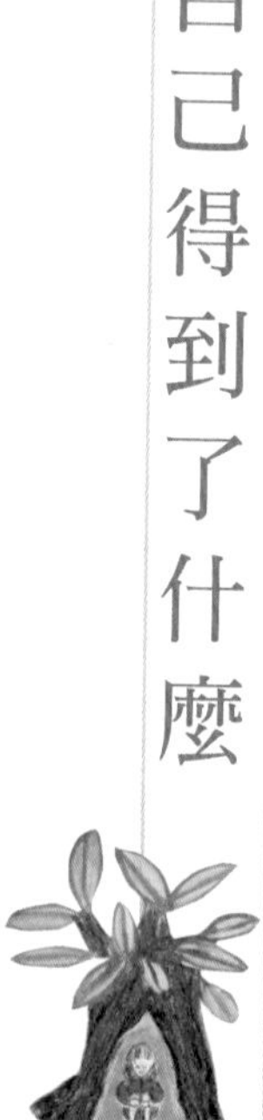

我有一個愛畫畫的女兒。女兒交輔導課作業時，畫了一幅圖。她說：「摸著自己的心，才知道自己要的是什麼。」女兒畫得好生動呀，看著畫中的驚嘆號、問號和圓形的曼陀羅，我忍不住莞爾一笑。

不管你年紀多大，難免還是會受點傷，對未來迷惘。受了傷，摸著自己的心，總是帶著矛盾（問號）和疼痛（驚嘆號）。帶著痛，帶著問號，去觸摸自己，探索自己，不管過去經歷多麼不堪的痛苦，我們都可以從這個痛苦學習。

想想：當我們快樂時，整個人一定是往外，輕飄飄，飛起來的。只有在痛苦時，我們才會往內探索：「為什麼這件事會發生在我身上？」「為什麼會變成這樣？我究竟想要什麼？」只有在痛苦時，我們才會想要求天問神，了解真相，求一個答案，而這個真相答案一定跟更深層的自己有關。痛苦逼迫我們做出選擇，更加認識自己。我們越痛苦，就越往內；越往內，我們就越接近內在的神佛，也更接近自己。

※從痛苦的受害人，轉化成受益人

受傷的記憶（事實）不可能改變，如果我們只從痛苦看到傷害，我們就會成為痛苦利刃下的受害人。若能從自己所經歷的痛苦學習，從痛苦得到經驗，知道自己要怎麼往前走才會越來越好，我們就從受害人轉化成了受益人。

六個步驟的療癒練習，其實就是個轉化清理的過程，把陳舊的、該丟的、沒必要的舊包袱舊傷痛清空，新的能量就會流進來。

經歷許多悲歡離合的淬鍊，有時我們會以為自己已經癒合了，過一陣子卻又隱隱作痛。這時，我們可能需要反覆練習，一次走得比一次深，才會清楚自己還有什麼功課沒有完成。

也有可能，只是我們的潛意識，還想緊緊抓住什麼，最後卻抵不過命運的捉弄。

告訴自己，順著因緣流轉，把自己當作水一樣，到哪裡都可以。該來的儘管來，該走的也讓它走吧。

念頭一轉，輕輕的鬆手，放開執著，我們就有了繼續往前流動的勇氣。

網路流傳著一篇文章〈印度靈性教導的四句話〉：

■無論遇見誰，都是對的人。

■無論發生什麼事，那都是唯一會發生的事。

帶著痛，帶著問號，順著因緣流轉，圓滿今生的功課

■不管事情開始於哪個時刻，都是對的時刻。

■已經結束的，已經結束了。

這四句話，讓我想起出生前計畫，靈魂和靈魂之間是有約定的。靈魂相約一起來地球，透過一段關係、一個創傷、一段情、一份緣，學習我們今生擬定的功課。因此，今生不管遇到誰，善緣還是惡緣，都不是偶然的，都是因為我們所擬定的生命計畫，和我們一起相約而來。他們也許照顧我們、疼愛我們、傷害我們、遺棄我們，都是在該發生的時候發生（一定要那樣發生，我們才會學到該學的），因為他們是為了我們而來。某方面來說，惡人也是為了成就我們，讓我們學會如何堅強，知道自己想要什麼。

這有點像佛法所講的因緣和業力，償還我們該償還的，學到我們該學的，成為我們想成為的人之後，有的人會離開，有的人會改變和我們相處的模式，惡緣也有可能轉成善緣。當我們的學習告一段落，「已經結束的，已經結束了」，我們得學習放下，並繼續往前。

電影《一代宗師》中章子怡飾演的宮二曾說過：「所有的相遇，都是久別重逢。」用這種珍惜去面對我們所遇見的每個人，因為我們必須學習才會遇到眼前這個人，如果不需要經由這個人學習，這個人根本不可能在我們生命中出現。順著緣分流轉，把痛苦當作我們今生的學習功課，不管我們今生遇到誰，惡緣、善緣都要去圓滿，才不枉費今生來地球走一遭。

淑文
2015

Part2

五堂心靈成長課：
在愛中圓滿自己

當我懂得療癒自己，我變得不易被痛苦擊倒，因為我已經有了修復自己的能力，在傷痛中依然可以帶著力量往前。

接下來，我會把能量用在我真正想成為的人或擁有的事物上。像蛇一樣，找個安靜的地方沉澱，回到源頭，蛻去舊皮，長出自己想要的樣子。

第一堂
回到源頭，活出自己的完整

颱風天，在後院發現一張蛇皮。蛇，需要蛻皮，自然是因為身體需要長大，在這樣的颱風天，它仍然按照自己成長的速度，找到安全的地方蛻皮長大。

西方常將這種蛻皮更新，視為心靈治療的必經過程。「一條蛇吞食自己的尾巴，形成一個圓形蛇。」我把撿到的蛇皮環繞成圓形，拍下照片。驀然發現，這種起始與結尾遇合所形成的圓形，正呼應了我前面提到的，回到傷心的始點、傷心的那一刻，才能蛻去傷痛的舊皮，更新自己。

蛻去舊皮的關鍵，就如同蛇在蛻皮時，要先找個安靜不被打擾的地方。像一杯充滿雜質的水，本來是混濁的，唯有安靜下來，才能把負面的雜質沉澱到底層，讓純淨美好的本質浮現上來。

只有安靜的沉澱，我們才能看清楚生命還有哪些雜質、哪些優點，看見自己的優點和純淨，同時也看見自己的缺點和需要過濾的雜質，才能一步一步走向生命的圓滿。

※回到過往，再次變成小孩

我讓自己沉澱下來，望著這條圓形蛇，它好像一面鏡子，映照出我藏在深處的心像。我彷彿走進一個圓，重新變成小孩，回到某個過往。哇！我突然看見自己鬱鬱寡歡老是和爸爸衝突的童年。

映入眼簾的是，有一回，我不聽爸爸的勸告打赤腳出去玩，卻不小心踩到玻璃，血流如注。我一方面擔心自己止不住血，一方面又害怕不聽話被爸爸責打，於是躲在倉庫不敢出來。而在外頭搞不清狀況的爸爸，誤以為我貪玩故意不想回家，滿肚子火大，不分青紅皂白在門外大聲斥責。倔強的我不肯認錯，也不願意說出實情，造成父女兩人的誤會。這樣的衝撞時而有之，一路蔓延到我成年。

一直到我成為母親，才回過頭來重新理解爸爸，了解他成長的背景。姊姊告訴我，爸爸從小喪母，沒有感受過母愛的溫柔，在爺爺軍事化管教下，只會嚴厲對待小孩，而不知如何溫和的和子女溝通。姊姊說，爸爸只是「不會」表達，而不是「不願意」學習，所以更需要子女來引導他，把心裡的話好好說出來。

✻親情是可以修補的

原來，我們的父母內在也有一個受傷的小孩，在他們的年代，根本沒有人

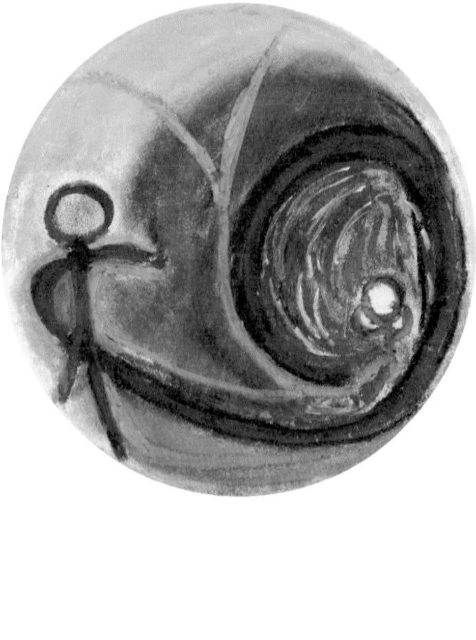

教他們療癒自己，或許他們內心也很痛苦卻不知向誰求助。一樣在嚴厲的家教下長大，姊姊因為溫柔理解從未怪罪父親，相較之下，倔強的我實在太不成熟而且作繭自縛。

當我願意用一種新的觀點詮釋過去，我發現自己從童年那個血流如注的倉庫釋放出來了，蛻下過去的舊皮，長出新的自己。

親情是可以修補的，當我們有辦法療癒童年的傷，自然就有能量，跳開過往的糾結，站在新的視野看見父母自身的問題，了解原生家庭對自己的影響。

我的前半生因為駑鈍，錯過很多告白的關鍵時刻。當我開始療癒自己、理解爸爸，他卻因一場手術意外過世了。所有我和爸爸之間的療癒，以及最後的和解，都是在爸爸過世後，我在心裡不斷和天上的他對話才完成的，持續到現在，已經十幾年了。

我和爸爸是非常極端的兩個人，經過十幾年的探索療癒，我們已經從兩個極端漸漸走向對方，互相融合。當我重新修補和爸爸之間的傷痕，我發現自己變完整了，爸爸也因為我的完整而減少了他身為人父的缺憾。原來，生命是這樣牽動的，你完整了自己，就能完整你所愛的人。

我終於明白心靈治療圓形蛇的意象，「一條蛇吞食自己的尾巴，起始與結尾遇合，變成一個圓」，就是要我們回到源頭，回到起始點，吞食舊傷痛，長出新皮，才能活出像圓一樣的完整。

※知道自己是誰，才能成為自己

回到源頭，第一個就是回到我們的出生地，原生家庭。家族治療大師薩提爾說：「透過家人，我們得以認識自己。」我們都帶著父母的「一部分」活著，我們要先解構那「一部分」，才能還原自己。

我的做法是，用不同顏色代表我、父親和母親，找出彼此的共同點和差異點，最後寫一封信給自己。步驟如下：

1 把父母的優缺點，用色塊畫出來、寫出來。

2 從父母的優缺點中，圈出自己擁有的。檢視自己，想保有什麼？最不想保留什麼？

3 寫一封信給現在的自己：

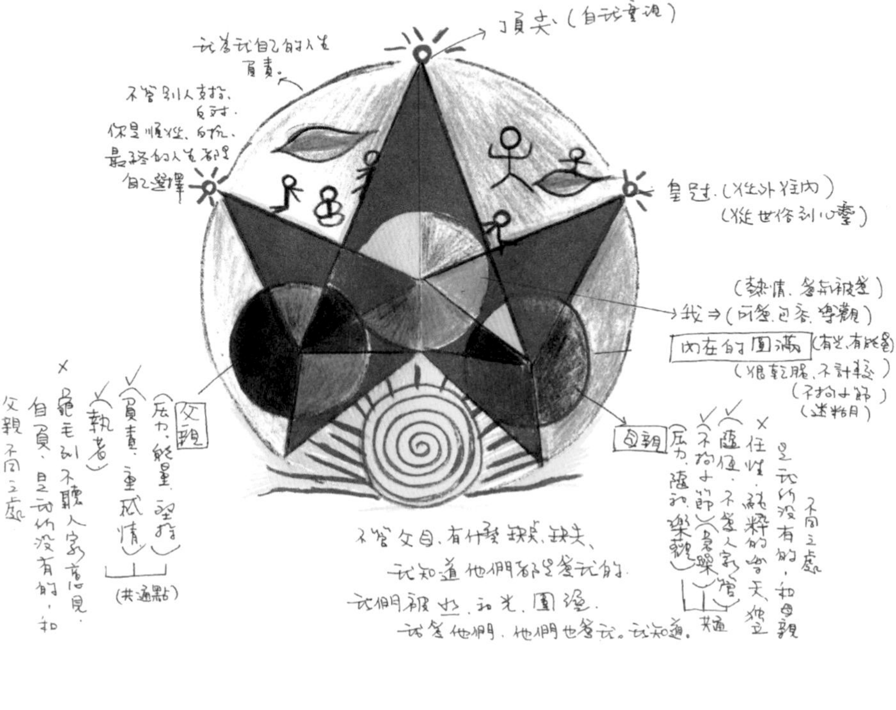
頂尖（自我重視）
我為我自己的人生負責。
不管別人支持、反對，你是順從、反抗，最後的人生都是自己選擇
皇冠（從外往內）（從世俗到心靈）
（熱情、多元被愛）
我⇒（可愛、包容、樂觀）
內在的圓滿（有光、有能量）
（很乾脆、不計較）
（不拘小節）
（迷糊）
父親
（壓力、能量、堅持）
（負責、重感情）
（執著）
（共通點）
×龜毛到不聽人家意見、自負，是我所沒有的，和父親不同之處
母親
（壓力、隨和、樂觀）
（不拘小節）（急躁）
（隨便、不管人家的管）
共通
×任性、純粹的會天、獨立
是我所沒有的，和母親不同之處
不管父母有什麼缺點、缺失，
我知道他們都是愛我的。
我們被光、和光、圍繞。
我愛他們，他們也愛我。我知道。

> 我的＿＿＿＿像爸爸，我的＿＿＿＿像媽媽，但我還有＿＿＿＿和爸媽不同。
> 我是獨一無二的個體，我已經長大了，我可以拿回人生的選擇權，長出新的自己，我想要成為一個＿＿＿＿人。感謝父母生下我！

在療癒自己的旅程中，我花很多力氣去探視我和父母的關係。這個過程，當然是帶著刺痛的，但我認為非常值得。父母也是人，也會犯錯，儘管不是故意，但傷痕畢竟已經造成了，我寧可勇敢的探視，追根溯源，而不願像許多人一輩子帶著原生家庭的傷，活不出自己，還怪罪父母。我相信，只要我願意返回出生地修補傷痕，拔除不想要的根芽，就能重新長大，長出自己想要的樣子。

我的信，是這樣寫的：

我的負責、重感情、執著，像爸爸；我的急躁、樂觀、不拘小節，像媽媽；但我還有熱情、包容、迷糊和爸爸媽媽不同。我是獨一無二的個體，我已經長大了，我可以拿回人生的選擇權，長出新的自己，我想要成為一個良善、有光、有能量的人。感謝父母生下我。

✲找到這一生的目的

我們來自宇宙，以後也會回到宇宙。宇宙的源頭，就是光與愛。接著，我會回到宇宙的源頭，畫出一個全新的我，在心輪的地方，種下一顆種子。想像這顆種子，吸收來自宇宙源頭的能量（光），重新發芽長大。

小時候，我們需要靠父母的撫養，才能長大；長大後，我們不需要靠父母，就能自己打理生活。成年後，父母反過來需要我們的照顧和理解。我除了回到原生家庭療癒成長的傷痕，下一步還要

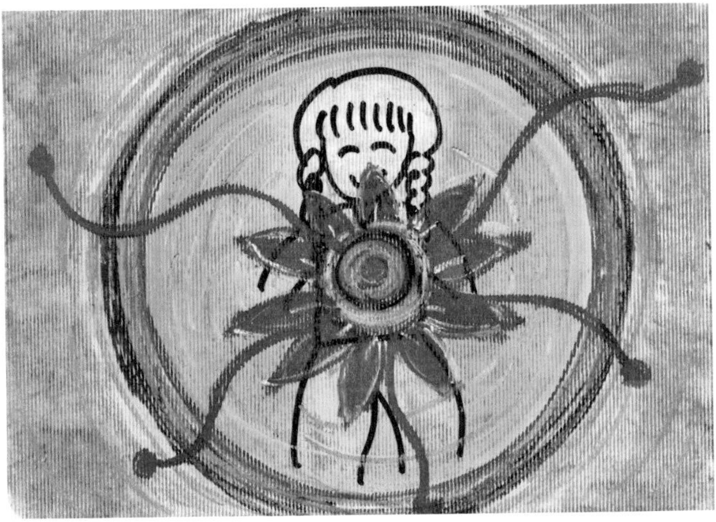

回到宇宙的源頭，去「憶起」最初的我來到這個地球的生命計畫。當初，我為何選這樣的父母，進入胚胎長成肉身？這樣的父母，這樣的家庭，要讓我學到什麼？某方面看來，是我們選擇父母和這樣的家庭長大，因為出生前的我、還是靈魂的我，知道選擇這樣的父母和家庭，能帶給我最大的成長。

就像那條圓形蛇，「起始與結尾遇合，變成一個圓」。這個起始，代表我一出生就開始我今生所擬定的計畫，到死亡的那一刻，「起始與結尾再度遇合」，我會在最後的終點，檢視自己是否圓滿了今生的功課。

《西藏生死書》曾經提過：「每個人來到世間都有一件特定的事要完成，那就是他的目的。如果他沒有做那件事，就等於什麼事都沒有做。」

這句話，讓我想起《飛呀，老鷹，飛呀》一隻剛從蛋殼孵出來的小鷹，被暴風雨吹落山崖，農夫把牠帶回家和雞群一起生活。長大後，小鷹的外表像老鷹，卻仍然吃雞的食物，用雞的方式思考，連走起路來都像一隻雞。有一天，農夫的朋友實在看不下去了，決定訓練這隻雞群中的大鳥，憶起老鷹的本質。

不管他把大鳥頂在頭上說：「你不是一隻雞，你是一隻老鷹。」或者帶著大鳥爬到屋頂，把牠的頭朝向天空說：「你是一隻老鷹，你不屬於地上，你應該在空中翺翔。飛呀，老鷹！」大鳥每次伸出牠的翅膀，都不是展翅高飛，而是掙脫他的手，跳到地上的雞群裡面。

雖然受到眾人嘲笑，農夫的朋友仍不願放棄。他要求農夫帶他去發現這隻鳥的高山，而且一定要趕在日出前抵達。

他把大鳥放到當初靠近母巢的懸崖旁，指著東方，告訴牠有關太陽的故事。儘管農夫嗤之以鼻，覺得大鳥只聽得懂雞的語言，但農夫的朋友指著即將上升的太陽，堅定的對大鳥說：「老鷹，看著太陽。當它升起，你就和它一起升高，因為你屬於天空，不屬於地上。」

太陽冉冉上升，用金黃色的光亮溫暖了大鳥的翅膀。「飛呀，老鷹！你本來就屬於這片天空！你不是一隻雞！」農夫的朋友在大鳥的耳邊用力的呼喚，努力的喚起牠身為一隻老鷹的天命。

驀然間，大鳥像被什麼觸動了似的，緩緩的張開翅膀，順著一股上升的氣流，一衝而上。牠終於想起自己是一隻老鷹，再也不願回到雞群中了。

✲活出自己，勇敢的飛

世上有多少人因為父母錯誤的期待，而沒有被擺在「對的位置」，變成一個不像自己的人？為什麼我們要循著世俗的期待，變成一個和別人相似的人，過相似的人生？為什麼我們不能循著自己的渴望，活出自己的天命呢？

三十五歲以前，我為了符合父母的期望當老師；三十五歲後我決定辭去教職，完成童年的作家夢。爸爸在過世之前，一直都不贊同我辭職當作家，看了《飛呀，老鷹，飛呀》之後，我決定返回不被爸爸了解──最讓我傷心的那一刻──寫一封信給天上的爸爸：

爸爸，我一直很想跟你說，你從來不知道你的女兒是一隻老鷹。她天生就是要飛的，而且是很勇猛的飛。

即使帶著天生的孤獨，和不被了解的寂寞，也影響不了她想飛的渴望。

爸爸，雖然你的女兒違背了你的期待，轉職當了作家，但她終於有勇氣在自己的天空飛翔了。希望你能祝福她，相信她。

即使爸爸過世十幾年，我也如願專職寫作，但寫出對爸爸的告白，仍然讓我忍不住淚眼朦朧。要是爸爸早一點懂我，少一點遺憾，不知有多好啊！

生命，其實是這樣癒合的。當我們勇敢的活出自己，把自己過好時，當初反對你的親朋好友都會反過來祝福你。當我如願做自己，過自己想過的生活，對過往的一切就漸漸釋懷了，甚至發現自己比以前更愛父母。不管父母當初如何反對我，我知道，這都是出自他們對我的愛。生命，最終其實只是自我負責而已。

所以，我常說：「父母生下我們，之後一切自我負責。」不管父母如何對待我們，我們都必須找出其中的緣由，和我們必須學到的課題。不要再怪罪父母（與其怪罪，不如去理解；與其怨懟，不如努力活出自己），沒有父母把我生下來，就沒有現在的我啊！

回到原生家庭的源頭，了解自己是誰，成為我們自己。然後，再回到宇宙的源頭，找出這一世我們所擬定的生命計畫，也就是找到自己的天命。

第二堂

循著獨特的生命印痕，找到自己的天命

一個人的天命所在，通常是讓我們內心充滿熱情，很喜歡做，做了會很開心的事；或者是，因為某個命運的驅動，在生命留下獨特的印痕，讓我們不由自主的想循著烙印繼續前行。

一個人的天命，有時是好幾項，彼此會互相連結。以我為例：只要我一拿起筆寫作，就感覺全身上下的細胞都活起來。當作家，就是我充滿熱情的所在。而我的寫作方向，總是和生命探索、心靈療癒有關，因為在我的記憶裡，一直有個恐懼的謎團。我常在不同的階段，回顧那個謎團，尋找答案。

※面對兒時恐怖的謎團

上小學時，我很喜歡和鄰家小孩在村子探險。每次經過一棟破舊的紅磚平房，有一個蓬頭垢面、矮胖臃腫的男子，聽到我們的嘻鬧聲，總會從門縫探出頭來，喃喃自語，然後張開大嘴，傻呼呼的笑著，我們總嚇得四處逃竄。

「肖仔！別過來。」我嚇得直打哆嗦，一邊死命的跑，一邊用眼角餘光掃射他的反應。雖然他從未追過來，但在我頻頻回眸的驚懼中，有個困惑的影像，卻成了我記憶裡難以忘懷的烙印。

「那男子是誰呢？為什麼他會變成這樣？他會不會像我一樣，有個永遠疼愛他的母親？」兒時鄉下的青青草原，總夾雜孩童在草地上打滾、奔跑、歡愉的笑聲。放眼望去，藍藍的天空，碧綠的田野，各種生命的線條，在陽光下生意盎然的舞動。但是，環繞青青草原的紅磚平房，卻像個牢房，灰濛濛的，籠罩一層陰霾，囚禁一個枯萎黯淡的生命。

沒有人敢越雷池一步，那棟紅磚平房成了我們的禁地。門後的世界，永遠有個解不開的謎團，總在我年幼的心裡，帶著某種恐懼、某種憐惜，懊喪的翻攪著。

直到高一，我遇見一個大哥哥，才從懊喪的記憶探出頭，撞見謎團裡隱微的火那個憨憨的男子，終於推開門，走出陰暗的紅磚平房，在門外的青青草原，聞到陽光的味道。

※即使精神病人，也需要愛

有很長一段時間，我坐在車上，久久無法言語。我忘了自己如何處理那一堆仿製的金銀珠寶，卻難以忘懷那個大哥哥臨別時的真摯眼神，還有那混雜兒時記憶的暖洋洋陽光味。每當我憶起這一切，心裡就有個角落開始沸騰，那就是——即使一個精神病人，他仍然有思想、有感情，仍然需要「愛」。

但，我們的社會究竟能給他們多少愛、多少陽光呢？

兒時恐懼的謎團，在我的生命烙下無法抹滅的印記，也造就了我長大後對心靈療癒總是特別好奇，這份好奇牽引出我對心靈探索的種種因緣。書寫這本書，我常常想起那位大哥哥，想著他為什麼會生病？為什麼沒有人幫助他療癒生命的創傷？他現在人又在哪裡呢？

當作家、成為靜心引導者、成為輔導受刑人的志工，是我這輩子最想做的三件事。這三件事都在我心中烙下獨特的印痕，我知道，這些印痕一輩子都不會消失，我會帶著它們、帶著熱情全心投入這三個領域。想知道自己的天命所在，我們得往內找，常常觸摸自己的心，找到那個曾經深深在心上烙下印痕，可以點燃熱情的生命印記。

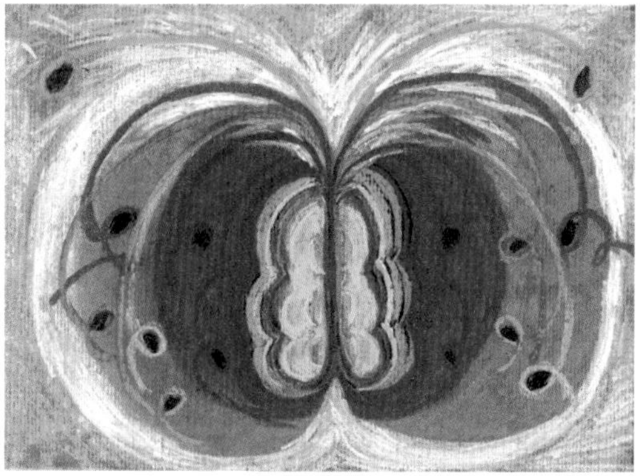

巴克的即溶咖啡加牛奶。咖啡，或許是傳遞訊息的媒介，那天讓淑文感應到，真是神的恩典哪。否則，我一定會對先生的菸癮很生氣，也不會給他好臉色看。」

讀著朋友的來信，我忍不住哈哈大笑。我不認識她先生，也對她的家庭不了解，其實是她對先生真摯的愛，感動了咖啡，咖啡才趕緊傳訊息給我啊。

我們這一生都離不開所愛的人，大部分的人對愛與親密關係的困擾也很多，我想分享我對愛的領悟。

第一個領悟　愛，是溫暖的理解和體諒

相信對方一定有什麼原因，才無法了解我，讓我生氣。相信對方一定有什麼原

因，才會不小心傷到我，讓我傷心。

會有這份感觸，是因為身邊許多讀者喜歡鑽牛角尖，一旦受了傷，就掉入漩渦無法自拔。我總會拍拍她們的肩膀說，人是感情的動物，每個人都難免會受一點傷，與其沉浸在自己的疼痛裡，倒不如去了解背後的原因，看看是原生家庭導致夫妻價值觀相差太大，還是一時情緒失控，不小心說錯了話，或者只是因為太忙碌，沒有時間好好溝通。凡事都有原因，放過對方，也別折磨自己了。

有個讀者回應，讓我眼睛一亮：「相信有原因，是訓練；理解傷害，是修養；懂了！則是功課。」我們一生，會面臨各種層次的愛，不管是友情、愛情、親情都可能讓我們受傷，我們總是渴望得到對方更多的愛。

這些年，我漸漸了解，與其老是被動的「討愛」，不如帶著溫暖的理解去了解對方，說不定最後會發現問題的癥結，其實來自自己。

第二個領悟 再怎麼親密的愛，都有界線

不管是親情、友情或愛情，超越了那條界線，不小心傷到自己或對方，就不叫

一位朋友來找我，買了一杯星巴克的熱拿鐵給我喝。咖啡的味道，好香醇哪！好像在告訴我，她最近比較懂得照顧自己。果然，她訴說著，最近會用方法和公婆溝通，比較不會委曲求全，心情好多了。

突然間，她話鋒一轉，提到她先生。不知怎麼回事，我居然聞到咖啡有化學味道，我不信，喝了一口，差點吐了出來。

接著，她開始抱怨，最近先生換了工廠，染上菸癮，讓她非常生氣。我打斷她，跟她說，不是這樣的。同樣香醇的咖啡，怎麼會有化學味道呢？一定是她先生工作的磁場很不好，有很多苦衷，身不由己，才會用抽菸來抒解壓力。她應該要多關心先生，多體諒他才對。

愛了。

愛，是彼此水乳交融，但又各自保持獨立。如同我畫的這張圖，畫面中相愛的兩個人（藍色和粉紅色），是如此的緊密，仔細一看，兩人的感情線並沒有打結糾纏無法前進，而是在（金黃色）愛的光亮中，互相融合分享，往自己的方向前進。

再怎麼親密的愛，都需要體貼尊重，不管對伴侶、小孩、好友，都不能忘了彼此還有一條無形的界線。超越了那條界線，再多的愛，都會變成侵犯和負擔，反而造成彼此心靈的隔閡，漸行漸遠。有了拿捏的尺度，找到了尊重的界線，反而可以愛得更親

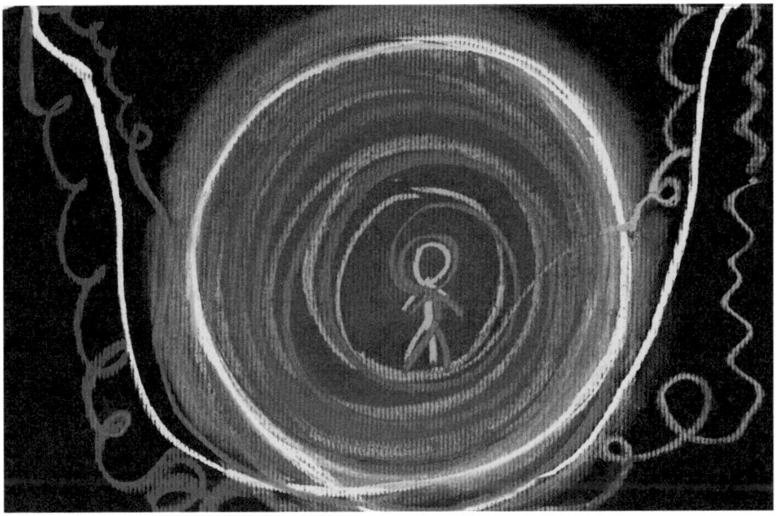

密，給彼此更大的空間和彈性。

愛的難題在於，有時候愛得好累，被愛的人也備感壓力。愛得濃淡合宜，愛人的同時也得到被愛的滿足，是最幸福的。愛得太多，管得太多，不肯放手，不知如何進退，拿捏不準尺度，都是因為愛得不放心，沒有安全感，或者是心裡的占有欲作祟。把自己過好一點，健康一點，學習信任對方，給出自由、可以流動的愛，自己反而會快樂很多。

年紀越大，越覺得愛一個人，是需要練習的。或許，愛本身就是一種修行，我們來人間走一遭，就是要通過種種愛的試煉。那個試煉的對象，可能是我們的伴侶或小孩、父母或公婆，也可能是親密的摯友，每個人的功課都不同。

美國詩人奧利佛．霍姆斯說：「越親近的關係，越需要圓融、謙虛有禮的對待。」我們往往因為太熟悉、太親近，反而不知不覺忽略對方、傷害對方，或忘了把愛掛在嘴邊。給我們所愛的人一個擁抱吧，我們越在乎的人，就越要體貼，讓他知道我們對他的愛。

第三個領悟 盡力了，感情就沒有遺憾

前陣子，有位讀者問我：「對一個人失去信任、沒有熱忱時，該如何調整自己呢？悶悶不樂中。」

「那就不要勉強自己對他好，先愛自己吧。」我告訴他。

當我很累、沒有熱忱時，我會去找別件喜歡的事來做，譬如，先去喝杯好咖啡，買一件漂亮的衣服，買一本好書，去找我最好的麻吉聊天，或大吃大喝一番。等到真的比較開心一點了，再來想想那個人為什麼不值得我信任？他還值不值得我繼續付出？

通常我不會給自己標準答案。我對自己很誠實，如果真的很難受，我也不會勉強我自己。若那個人是一個我非常愛的人，真的捨不得和他分開，我還是會想盡辦法抓回他的心。

記得有一回，羽絨衣不小心被爐火燙到了，燒了一個大洞。我以為羽絨衣完蛋了，但我實在捨不得。

摸摸羽絨衣受創的裂痕，我決定用最笨拙的手，一針一線的把裂洞縫起來。這

對不會縫衣服、笨手笨腳的我，實在是不可能的任務（真的很難縫，裡面的羽絨不斷掉出來，連女兒都叫我別縫了，買一件新的就好）。我堅持著，不知縫了多久，最後居然成功了。

望著縫補好的羽絨衣，我覺得它好像有什麼話要對我說。

生命大大小小的坑洞真的很多，我不去修補，誰幫我修呢？我不對自己好，誰對我好呢？

捨不得的，有時不是一件衣服，而是一個人、一段緣分。如果我們真的捨不得，必須對自己誠實：捨不得什麼？如何去縫補生命的裂痕？

不管多大的裂痕，都是可以縫補的。我們往往以為這次傷得太重了，不可能好了，但所謂的「不可能」，都是自己設限的。往有破洞的地方下工夫，一針一線，慢慢來，給自己一段時間修復，哪怕像我一樣，如此笨拙，但我終究縫好了。雖然工夫不好，縫得有點醜，但我做到了，我用真心真意延續了原本會和這件衣服分開的緣分。

生命中的裂痕，往往提醒我們思索：捨不得什麼？不想放棄什麼？要不要採取行動，創造新的緣分，繼續走下去？

因此，當有人問我，要不要給另一半機會，或者要不要離開另一半，去追求真愛，這實在很難給出標準答案，我們只能誠實的問自己，願意縫補生命的裂痕嗎？不只是自己，還要看對方的誠意與意願。

我並不覺得所謂完整的婚姻才是幸福，離了婚就代表今生不圓滿？每個人境遇不同，學習課題不同，真正的幸福在我們心裡，而不是表面的婚姻。挽回婚姻，我們會得到幸福，就去努力；離了婚，離開感情的牽絆，會更開心，就勇敢去追尋。總之，就是問自己究竟想要什麼，很誠實的面對自己的渴望。若是盡了全力，還是沒有轉圜的餘地，也就沒有遺憾，讓自己好好放下吧。

第四個領悟 把愛情的重心，放在自己的成長

有個朋友問我：「明知對方已經變心，我卻還對他念念不忘；明知這樣下去，只會讓自己受傷，卻克制不了自己的感情，該如何是好呢？」

我拍拍朋友的肩膀：「忘不了，表示你刻骨銘心的愛過。凡是愛過的，都會在我們的心上留下痕跡，如果忘不掉，也不要緊啊，就把這個你曾經愛過的人，當作

十六歲以前，他常覺得自己好像遺失生命某樣重要的東西。他以為只要全力達到夢想，贏得以色列全國回力球賽冠軍，就能彌補那份空虛感。剛開始如願以償獲得冠軍時，的確喜不自勝，快樂到無以復加，沒想到慶祝會結束一回到房間，在沒有預警的情況下，那份空虛感突然又蜂擁而上。

一開始，他試著說服自己，那只是爬上了興奮的最高峰後所出現的短暫失落低潮；隨著時間推移，他漸漸意識到，即使再找到新的目標，再得到一個全國冠軍，依然無法找到他長久以來所「遺失的東西」，得到他內心真正的快樂。

經過閱讀與思考，他發現人要活得快樂，並沒有固定的公式。每個人一生當中，難免都要忍受一些痛苦的煎熬，除了學習接受負面的情緒，「**快樂，其實需要不斷的練習**」。一個人如果能了解快樂的本質，懂得正面思考和感恩，改變對自己的提問，並且逐步落實變成生活的習慣，大多數人其實可以活得更快樂。

譬如，很多人常會自問「我快樂嗎？」或者問別人「你快樂嗎？」這種只能二選一的是非題，常讓我們落入思考的死胡同。與其問自己快不快樂，不如改變提問的方式，問自己：「怎麼做才能活得更快樂？」

塔爾博士說：「追求快樂是個持續進行的過程，只有無限連續的點，而沒有某個定點。**今天的我，活得比五年前快樂，但願五年後的我，又比今天更快樂。把注意力放在能使我們更快樂的做法上**，不只幫助別人活得更快樂，也將『活得更快樂』列為自己終身努力的目標。」

他在演講現場不斷強調「改變提問」與「焦點轉向」的重要性。他說，很多人看到失敗，就會不斷指責：「為什麼會失敗？」「問題究竟出在哪裡？」光是看見失敗是不夠的，如果能改變提問，換成：「儘管有些人失敗了，但為什麼其他人會成功？」思考的焦點一旦轉向，就會引導自己和別人去創造正向美好的事情。

※兼顧的藝術

塔爾博士幽默的說，夫妻剛結婚時，通常都看不到彼此的缺點，等蜜月期一過開始吵架，就會開始質問：「我們之間到底怎麼了？出了什麼問題？」當我們只看到負面的問題，而對另一半的美好視而不見，以往的愛情就會變質。

如果我們能轉換思考，靜下心想想：「你喜歡或珍惜雙方關係的哪一部分？要怎麼做才能讓彼此的感情更好？」除了看見「行不通」「做不好」的問題，也要看到「行得通」「可以做得更好」的部分，這就是「and」的藝術。

我們看到惡，也看到善；看到陰，也看到陽，必須兼顧對立的兩方，才能看見整體。塔爾博士笑著說，佛陀追求更高境界的快樂與幸福，但祂也同時看見世界所有的苦難，並感同身受。凡事不能只看到一半，注意「and」兼顧的原則，除了看到對方的缺點，也看到對方的優點，就能兼顧到整體。

夫妻相處也是同樣的道理，我們和伴侶一樣都不完美，我們都一起過著不完美的人生，如果只聚焦在伴侶的缺點，忽略對方的優點，甚至把伴侶對我們的好視為理所當然，不知感恩，婚姻就會出現危機。

除了夫妻相處之道，塔爾博士也分享，兒子和朋友吵架被老師告狀，他明白兒子有過失必須改進，也很感謝老師坦誠以告，但他多麼希望老師能兼顧到「and」的細節。如果老師除了訴說兒子的不是，也能告訴他九歲兒子的數學不遜於其他十三歲的孩子，也許他當時會開心一些。

如果我們對待孩子，能把焦點多放在優點，「你擅長什麼？」「什麼東西會帶給你力量？」「你的優點是怎麼來的？」找到這三個問題的交集點，就能開發孩子的天賦潛能。

不只是看見痛苦，還要轉換思考「你必須怎麼做」，才能通過挫折得到成長。因此，他也鼓勵孩子多看人物傳記，因為人物傳記能夠看到一個人的全貌，不只看到一個人的失敗、成功，還能看到一個人解決問題，既能承受苦難，又能得到快樂的能力。

塔爾博士鼓勵大家建立快樂的社群，分享快樂成功、感恩惜福的故事。英文appreciate有兩個含意，一個是感激，一個是增值。也就是說，如果我們能感謝人生中遇到的人事物，不再把別人對我們的好視為理所當然，我們的生命就會升值。

他建議睡覺前將五件感激的事寫在日記本上，或者每星期和家人分享自己看到的三件好事。心理學家發現，即使每天花一分鐘表達感激，也會提升一個人的幸福感。懂得感激的人，不只人際關係變得更好，也會睡得更好，更有活力，變得更健康。

在場有聽眾提問，她和朋友、老公一起做感恩練習，發現女性朋友很樂意做，老公卻心不甘情不願只勉強做了一次，現場一片哄堂大笑。塔爾博士點頭笑著說「男人的確比較困難」，但也提醒聽眾：「改變自己不容易，改變別人更不容易，如果伴侶、孩子不想做感恩練習，其實也沒關係。順其自然，接受他們本來的樣子。」最重要的還是以身作則，從自己做起，就能撒下種子。

最後，塔爾博士自我解嘲說，二〇〇二年在哈佛開設正向心理學，第一年只有八位學生選修，兩個人退選。面對只有六個學生的窘境，有人問他：「你快樂嗎？」

他很坦然的回答：「我不想讓你們以為我會永遠開心，或以為上完我的課會永遠快樂。當我們感到悲傷憤怒或任何情緒，都是很自然的。只有兩種人不會經歷痛苦，一個是瘋子，一個是死人。因此，當你會痛苦，你應該要慶幸，你不是瘋子，而且你還活著。」

如果壓抑痛苦，痛苦反而會變形、膨脹。「釋放自己，讓自己抒發；順其自然的抒發悲傷，你的痛苦就會消失」，該哭的時候就哭，該歡笑時也不忘大聲歡笑，讓情緒自然的通過，接受真實的自己。這就是塔爾博士的「and」哲學，看見快樂也接納悲傷，我們會活得更完整也更快樂！

※自己的快樂練習簿

聽完塔爾博士的演講，我買了一本快樂練習簿，大約 B5 大小（可以放進隨身包），開始記錄什麼事讓我快樂、我如何讓自己快樂，寫下讓我感恩、對自己有幫助的事。就這樣，持續了一年。

翻開這本快樂練習簿，有時是隨手剪貼一個開心的圖案，有時是激勵自己的肯定句。譬如：

- 生命最有力量的一刻，就在當下。在每一刻活出自己的閃亮。
- 生命真的有奇蹟。在奇蹟出現之前，絕不輕言放棄。
- 創造生活的小驚喜，讓每個遇見我的人，感到幸福。
- 人活著，念念分明於當下，隨時調整疏通（該道歉就趕緊道歉，該解釋清楚就趕緊解釋清楚），不要累積負面情緒，就會快樂。
- 珍惜當下的緣分，有一天緣分沒有了，就什麼都消失了。

或許讀者更想問的是，透過自我療癒和快樂練習簿，真的讓我成為一個快樂的人嗎？我想，現在的我一直做著自己想做的事，為更好的自己努力著，發自內心的笑容和閃亮，就是最好的答案了。

第五堂 在什麼地方跌倒，就從什麼地方找回自己

這本書，我分享了療癒的塗鴉畫。常有人問我，為什麼會想用畫畫探索自己？其實當初提筆畫畫，也是因為痛苦，想找尋自己。

當年讀大學有段低潮期，有一回經過心理諮商室，突然有個念頭：「一定有解決的方法吧？為什麼不找老師聊聊呢？」這個念頭，促成了我和藝術治療師陸雅青老師認識的因緣。她鼓勵我用畫畫療癒自己，在她引導下，我不僅重拾兒時畫筆，也漸漸走出生命的陰霾。

畢業時，我給自己一個承諾：「把自己過得好一點，才回來探望老師。」沒想到，達到這個「把自己過得好一點」的目標，駑鈍的我居然花了二十年。

有一年暑假，我終於決定鼓起勇氣打電話給陸老師。我的心臟撲通撲通的跳，

心想，如果響了五聲老師沒接，也許表示我和老師沒緣分吧。

沒想到，響了三聲，電話就被接起來，老師一聽到是我還大聲尖叫，她說她很少接這支電話，今天突然動念想接，沒想到居然是我。我和老師在電話裡講了好多話，明明分開二十年卻好像不曾分開。在那一刻，我突然覺得自己真的好傻，早就該打電話給老師的。

好不容易和老師聯絡上了，我決定帶畫畫的作品去拜訪老師，讓她看看我二十年來的成長。先生笑著說，既然要帶「作品」去，兒子也是你的作品，順便帶兒子去吧。

出發前，我的心情非常緊張，希望兒子屆時坐到別桌，才不會偷聽到我跟老師說的悄悄話。但兒子說他絕不容許我如此做，他想要聽聽我會跟老師聊什麼。兒子還調侃我：「媽媽，妳放心好了。我看見老師，一定會說：老師，您好，我是媽媽的大作。」

暌別二十年，老師看見我帶著兒子同來非常開心。聊起當年的點滴，老師不僅鼓勵我持續作畫，還希望我透過演講分享自己的蛻變。老師看著我的畫，說著笑著突然紅了雙眼，我也忍不住落下淚來。

鼓起勇氣去見當年陪我走過低潮的老師，也是回到「傷心的那一刻」，對自己的療癒與突破吧。我從老師臉上欣慰的表情，知道自己終於長大了，也讓老師放心了。

回家後，兒子問我：「媽媽，老師對妳那麼好，妳覺得自己成材了嗎？」我一時語塞，不知如何回應。我知道自己有過得比以前好，但不能說自己成材了，因為我知道自己還可以更好。我也不能說自己不成材，因為這幾年我真的很努力。

兒子的問題，讓我想了一夜，隔天才有了答案。我跟兒子說：「不管我有沒有成材，我知道老師都一樣愛我、關心我，這就是我會懷念老師二十年的原因。媽媽對你的愛，也是一樣，不管你將來有沒有成材，媽媽都一樣愛你。」

或許，走過千迴百轉的旅程，我們最終想要尋找的，只是一個愛的初衷，一份無條件的愛。

✻用生命陪伴生命的旅行

除了陪我和二十年前的輔導老師見面，兒子也陪我展開另一段療癒的旅程。

我很喜歡騎摩托車，住在山上，最棒的享受，就是騎著車兜風、看夕陽、淋一點小雨。

幾年前，一個夜晚，我騎著摩托車，在回家路上，突然聽到學生被處決的噩耗，當時因為沒有心理準備，我撫著摩托車大哭，眼淚全部倒在那台摩托車上。或許是不願再碰觸到那份傷心的記憶，有一段時間，我無法再騎那台摩托車，只要騎上那台摩托車，我的胸口就開始緊繃、悶痛、喘不過氣。

經過一段時間自我療癒後，我從家裡附近的小路開始練習，再慢慢騎到山上的路口坐公車。接著，再慢慢鼓勵自己騎到山下去。雖然，後來慢慢步入生活正軌，像從前一樣，可以騎著摩托車接送孩子、購物、買菜，卻從此失去騎摩托車的樂趣。

後來，我做夢也沒想到，為了陪國中剛畢業的兒子圓夢，我居然騎著這台摩托車和兒子（騎腳踏車），一起從淡水騎回台南（花了三天半），再從台南騎回淡水（花了兩天半）。這趟旅程，兒子並不是一邊騎一邊玩，而是挑戰自己的極限。

所以，我和兒子一天騎一百多公里，每天頂著烈日騎車五六個小時，中間偶爾在便利商店休息一次，總共騎了八百多公里。能夠南北順利往返，沒有生病，沒有中暑，沒有爆胎，冥冥中，好像被什麼守護著。整個行程，包括行經路線、訂旅社、緊急措施（爆胎或受傷中暑如何應變），完全由兒子一手規畫。幾天來，兒子曾經差一點被石頭絆倒摔車，而我也不小心騎到打瞌睡差點和鄰車擦撞，有時也不小心騎上快速公路，或迷失在不知名的小路。高溫、烈日，在強風中馬不停蹄的趕路，有時整條路上，只有我們母子踽踽獨行……

這樣的旅程的確存在著危險，但我卻透過這段旅程，重新認識自己所生養的兒子，是如此強韌勇敢。

※把自己照顧好，才能彼此陪伴

回到台北前一晚，我和兒子在旅社聊天，兒子說，這幾天他有時心臟跳得很快，一下子就衝到胸口。我則跟兒子坦言，剛開始幾天其實我緊張到心臟無力，甚至差點中暑暈倒。我們兩個對看著，心照不宣，互問對方要不要緊，然後哈哈大笑。

努力把自己照顧好，這種照顧自己的能力，平常就要自我訓練、自我負責。正因如此，我們母子才能彼此陪伴，完成這次嚴苛的挑戰。

返回淡水之前，我特地帶國中剛畢業的兒子，返回台南的母校安南國中，去和

限與永恆。

※把痛苦和傷痕化為力量

藉由出版這本書，一次又一次返回傷心的那一刻，回顧幾段療癒自己的旅程，我的眼睛濕了。在什麼地方跌倒，就從什麼地方找回自己，這是我對學生的教導，也是我自身實踐的旅程。

把痛苦和傷痕化為力量。我們的靈魂本來都是完整純淨的，因為出現裂縫，負面能量才會趁虛而入。回到曾經出現裂縫的地方，縫補自己，其實只是為了完整自己，圓滿自己。

有個讀者朋友分享她的成長與轉變。她說，一路走來，她的成長總是伴隨負面的情緒和陰影，因為不敢處理面對，最後竟變成巨大的黑影恐懼和情緒糾纏。她越是逃跑逃避，越是被黑影緊追不捨。

直到有一天，她終於生起一股力量，決定停下來轉身把黑影看清楚。就在她動念拿起手電筒，用光照向黑影的那一瞬間，所有的黑影居然都消失了。原來，面對才是方法，光可以照亮一切。

勇敢的看清楚一路追著我們跑的黑影，黑影就會消失。生命難免有傷痕，傷痕衍生而來的黑影，都是內心生出來的恐懼，當我們坦然面對，毫無畏懼，黑影怎麼會存在呢？那一支手電筒，其實是我們內在的勇氣，而手電筒發出的光，正是我們靈魂透射出來的光，那是每個人深處本來就有的光，從我們一出生就伴隨著我們存在。

從負面的傷心，走向生命的清理、排毒，需要一段時間和療程。或許，最後我們會發現，傷害也是上天對我們的祝福。生命的本質，都是為了成長。就成長的角度而言，並無所謂的傷害。如果所謂的傷害只是為了幫助我們成長，那麼，我們就不需要用負面的角度來看待痛苦。

✲綻放內在的光芒，穿越所有的傷痕

我畫了一幅曼陀羅，作為一路走來成長的紀念。我想到自己投胎來地球，就像一棵小綠芽，想要扎根長出自己。

療癒的能量場一打開，整個宇宙都跟著你一起連動。

畫著，想到自己是父母所生，活在父母的星球，而上一代的父母總是比較保守辛苦，把自己綑綁在某個框架裡。當我這麼一想，突然好想把觸角伸出去，長出一點什麼，專屬我自己，不同於父母。我畫了一顆心，跳脫框架之外，整個星球突然隨著我發出的這個渴求，一起亮了起來。

原來，在父母的星球之外，還有更大的天空等著我。我的心，迫不及待的飛出去，過去的綑綁，一個接著一個卸下。內在的光芒穿越了所有的傷痕，照亮了我自己的星球和父母的星球，甚至整個宇宙都隨著我的飛揚，跟著我一起發光發熱。

曾經因為痛苦而來的心碎和傷痕，如今化為我成長的沃土，反而讓我更有能量發光，把愛傳送出去。原來，我們的愛，可以傳播得這麼遠，可以照亮自己，並回過頭去照亮自己的父母，甚至整個宇宙也因為我散發出來的光，而提高了愛的振動與光亮。難怪有句話說，當你療癒自己，就能療癒全世界。療癒的能量場一打開，整個宇宙都會跟著我們一起連動。

接受痛苦，把它看清楚，痛苦就傷不了我們。願這一本書，一如我所畫的曼陀羅，為這個世界帶來溫暖的光亮，也為讀者帶來療癒傷痕的勇氣和發光發熱的能量。

Eurasian Publishing Group
圓神出版事業機構
用心與你對話．視野無限寬廣
方智出版社
Fine Press

www.booklife.com.tw reader@mail.eurasian.com.tw

自信人生 134

人生難免會有傷：六個療癒步驟，揮別創傷、圓滿自己

作　　者／黃淑文
發 行 人／簡志忠
出 版 者／方智出版社股份有限公司
地　　址／台北市南京東路四段50號6樓之1
電　　話／（02）2579-6600．2579-8800．2570-3939
傳　　真／（02）2579-0338．2577-3220．2570-3636
總 編 輯／陳秋月
資深主編／賴良珠
專案企畫／賴真真
責任編輯／賴良珠
校　　對／黃淑雲．賴良珠
美術編輯／李家宜
行銷企畫／吳幸芳．張鳳儀
印務統籌／劉鳳剛．高榮祥
監　　印／高榮祥
排　　版／陳采淇
經 銷 商／叩應股份有限公司
郵撥帳號／18707239
法律顧問／圓神出版事業機構法律顧問　蕭雄淋律師
印　　刷／國碩印前科技股份有限公司
2016年8月　初版
2024年7月　4刷
定價 320 元　ISBN 978-986-175-435-2

你本來就應該得到生命所必須給你的一切美好！
祕密，就是過去、現在和未來的一切解答。

——《The Secret 祕密》

國家圖書館出版品預行編目資料

人生難免會有傷：六個療癒步驟，揮別創傷、圓滿自己／黃淑文 著.
-- 初版. -- 臺北市：方智，2016.08
240面；14.8×20.8公分. --（自信人生；134）
ISBN 978-986-175-435-2（平裝）
1.自我教育 2.心靈療法

177.2 105010914